AF294539

Trauma

Entstehung, Dynamik und Heilung

Kontakt: www.HarryEilenstein.de
Harry.Eilenstein@web.de
Harry Eilenstein bei youtube

Impressum: Copyright: 2011 by Harry Eilenstein – Alle Rechte, insbesondere auch das der Übersetzung, vorbehalten. Kein Teil des Buches darf ohne schriftliche Genehmigung des Autors und des Verlages (nicht als Fotokopie, Mikrofilm, auf elektronischen Datenträgern oder im Internet) reproduziert, übersetzt, gespeichert oder verbreitet werden.

Verlag: BoD · Books on Demand GmbH, In de Tarpen 42, 22848 Norderstedt
Druck: Libri Plureos GmbH, Friedensallee 273, 22763 Hamburg

ISBN: 978-3-7693-1726-8

Inhaltsverzeichnis

1. Das Wesen eines Traumas

1. a) Wortherkunft

Das deutsche Wort „Trauma" stammt aus der medizinischen Fachsprache und bezeichnet eine Wunde. Dies kann eine physische Wunde sein („Schädeltrauma") oder eine psychische Wunde („Hundeangst-Trauma").

Das Wort selber ist im 19. Jahrhundert von dem altgriechischen „traũma" für „Wunde" abgeleitet worden.

1. b) Grundprinzip

Ein Trauma ist eine nicht verarbeitete Erinnerung an ein heftiges Erlebnis. Dadurch gibt es im „Keller der Psyche" sozusagen eine „Konservendose" mit heftigen Gefühlen, die dort unten auf dem Regal steht und vor lauter Druck rappelt und das „Haus der Psyche" immer wieder in Unruhe versetzt.

Normalerweise lösen sich die mit einer Erinnerung verknüpften Gefühle nach und nach wieder auf, wodurch die Erinnerungen oft schon nach kurzer Zeit wieder neutral sind, d.h. man kann ganz gelassen an sie denken, ohne dabei viel zu empfinden.

Bei einem Trauma ist dies jedoch anders. Wenn einem Menschen die Erinnerung, die zu einem Trauma geworden ist, wieder einfällt, entsteht eine mehr oder weniger bewußte Unruhe, die auch das eigene Handeln auf oft unbewußte Weise beeinflussen kann.

Man kann ein Trauma auch als gefangene und unter Druck stehende Lebenskraft auffassen, wobei dies nur eine andere Beschreibung für das Bild der Erinnerung ist, die in einer „Konservendose" im „Keller der Psyche" steht und die durch den hohen emotionalen Druck in ihr eine allgemeine Unruhe erzeugt.

1. c) Abgrenzung

Nicht jedes Problem ist ein Trauma – auch nicht, wenn es dabei heftige Gefühle gibt. Das Besondere an einem Trauma ist, daß in ihm alte heftige Gefühle sind, die mit einer aktuellen Situation in Resonanz treten können, wodurch der Betreffende heftiger reagiert als es für die Umstehenden verständlich ist.

Diese alten Gefühle sind nicht durch die seit dem Trauma-auslösenden Erlebnis vergangene Zeit verblaßt, sondern sind noch immer aktiv. Das auslösende Erlebnis hat sich sozusagen der Psyche eingraviert und bildet nun einen Weg, den die Psyche immer wieder einschlägt, wenn etwas geschieht, was dem auslösenden Ereignis ähnlich sieht.

Bei einem „normalen Problem" sind hingegen nur die aktuellen Gefühle da und zusätzlich evtl. die Erinnerung an ähnliche Probleme aus früherer Zeit. Doch bei einem normalen Problem tritt dann einfach ein „Nicht schon wieder!" auf, das sich jedoch nur auf die einfachen Erinnerungen an ähnliche Situationen bezieht, aber das keine alten Gefühle wachruft.

Durch ein einfaches Problem entstehen Verärgerung, Ratlosigkeit, Hilflosigkeit und dergleichen, aber man fällt nicht auf einmal wie durch eine Falltür in einen dunklen Kerker hinab. Bei einem normalen Problem steht man vor dem Problem und sucht nach einer Lösung – bei einem Trauma bricht im Extremfall eine emotionale Hölle auf. Ein normales Problem steht in der Gegenwart und wird auch dort betrachtet und gelöst – ein Trauma zieht einen jedoch zurück in die Vergangenheit und nimmt einen dort gefangen.

Dieser Unterschied läßt sich auch von außen her gut erkennen: Jemand mit einem Problem wendet sich mit einer gewissen Zuversicht dem Problem zu und ist beweglich, kann andere Blickwinkel einnehmen und die ganze Sache auch auf später verschieben – jemand mit einem Trauma ist hingegen wie von dem Trauma gebannt und rennt entweder vor dem Trauma davon oder kann sich auf nichts anderes mehr als auf dies Trauma ausrichten und hat fast gar keine Flexibilität in seinen Ansichten, Emotionen und Handlungen mehr.

1. d) Veranlagung

Ein Trauma wird durch ein heftiges Erlebnis ausgelöst, das man zunächst einmal nicht verarbeiten kann, wodurch man daher teilweise seine Souveränität verliert und stattdessen auch zum Teil in seinem Wollen, Fühlen, Denken und Handeln von dem Trauma bestimmt wird.

Allerdings löst nicht jedes heftige Erlebnis bei einem bestimmten Menschen ein Trauma aus – und ein bestimmtes, fast identisches Erlebnis löst auch nicht bei allen Menschen ein Trauma aus. Bei manchen Menschen löst zudem ein kleines Erlebnis, das ein anderer Mensch gar nicht weiter beachten würde, ein Trauma aus.

Das bedeutet, daß es außer dem heftigen Erlebnis selber noch ein zweites, individuelles Element geben muß, daß die individuell verschiedene Reaktion auf solch ein heftiges Erlebnis erklärt. Die Eigenschaft, die hier den Unterschied macht, ist offensichtlich die Widerstandskraft, die Festigkeit des Charakters, die Durchsetzungsfähigkeit, der innere Rückhalt, der Kampfgeist und ähnliches mehr. Je mehr man davon hat, desto geringer ist die Neigung zu einer Trauma-Bildung.

Dabei ist es ebenfalls offensichtlich, daß nicht jeder in allen Lebensbereichen

„robust an Leib und Seele" ist, sondern daß es bei (fast) jedem Menschen „sensible Themen" gibt, bei denen diese Menschen leichter zur Bildung eines Traumas neigen.

1. e) Horoskop

Die Themen, bei denen sich bei einem Menschen ein Trauma bilden kann, lassen sich in dem Horoskop dieses Menschen erkennen. Der „Quadrat" genannte Aspekt hat die im vorigen Kapitel genannten Eigenschaften, die ein Trauma verhindern können. Zu dem Quadrat kann allerdings auch das Fehlen genau dieser Eigenschaften gehören. Ein Quadrat ist also entweder das Vorhandensein oder das Fehlen dieser Eigenschaften – also Widerstandskraft, Festigkeit, Durchsetzungsfähigkeit, Rückhalt, Kampfgeist usw.

Welche dieser beiden Möglichkeiten zutrifft, hängt davon ab, ob der Betreffende in der Lage ist, durch seine Standhaftigkeit sein eigenes Leben zu gestalten, oder ob sein Leben durch Zwang von außen her gestaltet wird. Dieser „Zwang von außen her" kann dann zu einem Trauma-auslösenden Erlebnis werden.

Man kann sich ein Quadrat zunächst einmal ganz neutral wie eine Zeltstange vorstellen: Sie trennt zwei Bereiche, die jedoch inhaltlich zusammengehören – die Zeltplane unten und die Zeltplane oben. Durch diese Trennung erschafft sie einen Raum und damit auch Schutz, Bewegungsmöglichkeiten und Freiheit. Das Quadrat erschafft folglich Formen. Diese Formen können von einem Menschen gewollt sein – dann sind sie Selbstausdruck, Gestaltung und Sieg. Doch diese Formen können auch ungewollt sein – dann sind sie Selbstbeschränkung, Einengung und Niederlage.

Natürlich muß nicht jede Niederlage in einem Streit zu einem Trauma führen, aber jedes Trauma ist aus einer Niederlage heraus entstanden, bei der man nicht mehr so handeln konnte, wie man das wollte.

Aus dem Horoskop läßt sich erkennen, zu welcher Art von Trauma jemand neigt.

Ein Horoskop ist in 12 Bereiche eingeteilt: die astrologische Häuser. Jedes dieser Häuser stellt einen Lebensbereich dar:

1. Haus: Hier und Jetzt, Spontanität, Direktheit
2. Haus: Besitz, Gesundheit, Ernährung
3. Haus: Gespräche, Informationen, Bekanntschaften
4. Haus: Familie, Psyche, Geborgenheit
5. Haus: Selbsterkenntnis, Selbstliebe, Selbstausdruck
6. Haus: Handwerk, Heilung, Therapie
7. Haus: Freundschaften, Beziehungen, Verbindungen
8. Haus: Kampf, Sexualität, Verwandlungen
9. Haus: Ideale, Ziele, Engagement
10. Haus: Öffentlichkeit, Beständigkeit, Autoritäten
11. Haus: Gemeinschaft, Verein, Utopie
12. Haus: Welt, Alltag, Verbundenheit

Ein astrologisches Quadrat befindet sich zwischen zwei Planeten, die von der Mitte des Horoskops aus gesehen einen 90°-Winkel bilden. Diese beiden Planeten zeigen durch die beiden Häuser, in denen sie stehen, an, in welchen Lebensbereichen es zu einem Trauma kommen kann.

Bei einem Quadrat z.B. zwischen dem Saturn im 2. Haus und dem Pluto im 10. Haus wäre zum einen ein Trauma im Bereich des Besitzes und der Gesundheit (2. Haus) und zum anderen ein Trauma im Bereich der Öffentlichkeit (10.Haus) möglich. Bei einem Trauma gibt es so gut wie immer Auswirkungen in beiden beteiligten astrologischen Häusern.

Die 12 Häuser entsprechen auch den 12 Körperzonen. Wenn jemand ein Trauma entwickelt hat, wird sich dieses Trauma mit recht großer Wahrscheinlichkeit auch in der betreffenden Körperzone als physisches Problem zeigen.

Diese Körperzonen sind:

1. Haus: Hier und Jetzt, Spontanität, Direktheit — Kopf
2. Haus: Besitz, Gesundheit, Ernährung — Hals
3. Haus: Gespräche, Informationen, Bekanntschaften — Luftröhre
4. Haus: Familie, Psyche, Geborgenheit — Magen, Brüste
5. Haus: Selbsterkenntnis, Selbstliebe, Selbstausdruck - Herz, Lunge
6. Haus: Handwerk, Heilung, Therapie — Verdauung
7. Haus: Freundschaften, Beziehungen, Verbindungen - Nieren
8. Haus: Kampf, Sexualität, Verwandlungen — Genitalien, Blase
9. Haus: Ideale, Ziele, Engagement — Oberschenkel
10. Haus: Öffentlichkeit, Beständigkeit, Autoritäten — Knie
11. Haus: Gemeinschaft, Verein, Utopie — Unterschenkel
12. Haus: Welt, Alltag, Verbundenheit — Füße

Diese recht schlichte Einteilung ermöglicht es, anhand von körperlichen Symptomen auf psychische Ursachen zu schließen:

- Jemand mit ständigen Krämpfen im Oberschenkel (9. Haus) wird wahrscheinlich daran gehindert, seinen Werten treu zu sein und seine Ziele anzustreben;
- jemand mit ständigen Magenproblemen (4. Haus) schluckt offenbar Dinge, d.h. erträgt Verhaltensweisen von anderen, die ihm nicht bekommen, um die Familie intakt zu halten;
- jemand mit Nierenproblemen (7. Haus) ist vermutlich nicht in der Lage, in seinen Beziehungen und Freundschaften für sich selber einzustehen;
usw.

Die Art des Traumas wird auch durch die beiden Planeten, die das Quadrat zueinander haben, geprägt, da jeder der zehn astrologischen Planeten innerhalb der Psyche und des Körpers eine andere Eigenschaft, Fähigkeit und Aufgabe hat:

- Mond: Wahrnehmung, Nähe, Träume
- Merkur: Denken, Sprechen, Logik
- Venus: Bewertungen, Gefühle, Vorlieben
- Sonne: Selbsterkenntnis, Wille, Selbstliebe
- Mars: Sport, Kampf, Sexualität
- Jupiter: Ziele, Aufbau, Genießen
- Saturn: Festigkeit, Beständigkeit, Schutz
- Uranus: Neues, Erfindung, Sprung
- Neptun: Phantasie, Mystik, Ökologie
- Pluto: Existentielles, Verwandlungen, Einsgerichtetheit

Die beiden Planeten, zwischen denen in dem Horoskop eines Menschen ein Quadrat besteht, zeigen die Dynamik des in den beiden Häusern/Körperzonen möglicherweise entstehenden Traumas an.

In dem bereits genannten Beispiel „Saturn im 2. Haus – Quadrat – Pluto im 10. Haus" wird der Saturn (Festigkeit) im Falle eines Traumas wahrscheinlich zu einem Verzicht auf Besitz oder zu Gier nach Besitz (2. Haus) führen, während der Pluto (Existentielles) zu grundlegenden Autoritäts-Konflikten in der Öffentlichkeit (10. Haus) führen wird. Der Saturn im 2. Haus wird dabei körperlich als „Enge im Hals" erscheinen und der Pluto im 10. Haus als heftige Knie-Probleme.

Ein Horoskop ist wie folgt aufgebaut:

- Das Horoskop ist wie ein Schauspiel,
- der Aszendent ist das Bühnenbild,
- die Planeten sind die Schauspieler.
- die Tierkreiszeichen sind die Rollen der Schauspieler,
- die astrologischen Häuser sind die Lebensbereiche, in denen die Schauspieler aktiv sind,
- die Aspekte beschreiben die Verhältnisse zwischen den Schauspielern und sind daher das Drehbuch,
- das bewußte Ich ist der Regisseur des Schauspiels, und
- die Seele ist der Drehbuchautor.

- - -

Um ein Trauma zu verstehen und zu heilen, ist es nicht unbedingt notwendig, die astrologische Beschreibungsmöglichkeit eines Traumas zu verstehen, aber die Kenntnis des Horoskops des Betreffenden kann es – bei ausreichenden astrologischen Kenntnissen – deutlich erleichtern, das Trauma präzise zu beschreiben, es einzuordnen und seine ganzen psychischen und physischen Auswirkungen zu erfassen und zu verstehen. Dieses Verstehen und diese Gesamtschau auf das Trauma bewirkt noch keine Heilung, aber eine gute Orientierung ist eine gute Voraussetzung für eine Heilung.

Bereits die Kenntnis des Quadrats und der beiden Häuser, in denen die beiden durch ein Quadrat verbundenen Planeten stehen, ist hilfreich, um die Struktur und die Dynamik eines Traumas zu verstehen.

2. Entstehung

2. a) Auslöser

Der Auslöser eines Traumas ist eine Situation, die einen existentiellen Streß bereitet und die zugleich aussichtslos ist. In solch einer Situation werden die Psyche und der Körper auf maximale Aktivität hochgefahren und es werden große Mengen Adrenalin ausgeschüttet, doch es gibt keine erfolgversprechende Handlungsmöglichkeit. Daher bleibt der Körper reglos und die Psyche steht zwar „unter Strom", aber kann nichts entscheiden.

Die beiden möglichen Handlungsweisen in solch einer Situation sind Angriff und Flucht, doch wenn beides nicht möglich ist, entsteht eine reglose Starre.

Auslöser dieser Art können Todesgefahr, Raubtiere, Krieg, Folter, Vergewaltigung, Verlassenheit, Mobbing und ähnliches mehr sein – also eben alle Situationen, die einen Menschen in existentielle Not bringen. Von diesen Situationen gibt es leider eine große Vielfalt …

Die Aussichtslosigkeit der Situation, also das vollständige Fehlen jeder erfolgversprechenden Handlungsmöglichkeit, ist ein wesentliches Element bei der Entstehung eines Traumas. Dies läßt sich an dem Beispiel eines Jägers anschaulich beschreiben:

- Ein Jäger verfolgt eine Antilope und trifft dabei jedoch auf einen Löwen.
- Wenn der Jäger von anderen Jägern begleitet wird, können sie den Löwen gemeinsam angreifen.
- Wenn der Jäger alleine ist, wird er vor dem Löwen eher fliehen und ihm die Antilope überlassen, die er ursprünglich verfolgt hat.
- Wenn der Jäger jedoch alleine ist und mehrere Löwen auftauchen und wenn zudem hinter dem Jäger eine Schlucht ist, kann er weder nach vorne angreifen noch nach hinten fliehen. Er wird daher entweder erstarren oder ohnmächtig werden oder schreien – es gibt in dieser Lage keine sinnvolle Handlungsmöglichkeit mehr …

2. b) Astralreise

An dieser Stelle, also in dieser aussichtslosen Situation, kommt es entweder zu einer lauten Reaktion – einem Schreikrampf oder ähnlichem – oder zu einer leisen Reaktion – Apathie, Starre, Ohnmacht. Die leise Reaktion ist deutlich häufiger: Der Betreffende sackt sozusagen in sich selber zusammen.

Von außen her betrachtet wird der Betreffende ohnmächtig und liegt nun reglos am Boden. Von innen her, also von dem Betreffenden aus gesehen, ist dies jedoch ein anderes Erlebnis: Der Betreffende erlebt, wie er selber seinen Körper verläßt und dann über sich schwebt. Er befindet sich mit seinem Bewußtsein und mit seinem Körperempfinden nicht mehr dort, wo sein physischer Körper auf dem Boden liegt, sondern schwebt ein Stück weit über dem eigenen Körper und erlebt die Situation sozusagen aus der Distanz.

Wenn z.B. eine Reiterin von einem galoppieren Pferd stürzt und mit einen Fuß im Steigbügel hängen bleibt, kann es geschehen, daß sie die Situation auf einmal nicht mehr von ihren Kopf aus sieht, der von dem galoppierenden Pferd über den Boden geschleift wird, sondern von einer Stelle zwei Meter über dem Rücken des Pferdes aus. Sie sieht dann das galoppierende Pferd und sich selber unter sich.

Diese Art des Erlebnisses ist derart häufig, daß es einen psychologischen Begriff dafür gibt: „Dissoziation". Dieser Begriff bedeutet „Trennung, Auseinanderfallen". Dieser Begriff beschreibt zwar das Erlebnis selber, aber er erklärt nicht, wie diese Form des Erlebnisses und der „außerkörperlichen Wahrnehmung" entsteht.

In der älteren Literatur wird dieses Erlebnis „Astralreise" genannt. Dieser Begriff leitet sich von dem Begriff „Astralkörper" ab, der von dem Arzt Paracelsus um ca. 1520 geprägt wurde und wörtlich „Sternenkörper" bedeutet. Paracelsus bezeichnete mit diesem Wort den Lebenskraftkörper eines Menschen, da er davon ausging, daß der physische Leib dem damaligen christlichen Weltbild entsprechend aus Erde erschaffen worden war, aber der Lebenskraftkörper vom Himmel herab kam.

Da die beiden Begriffe „Astralkörper" und „Astralreise" heute die am weitesten verbreiteten Bezeichnungen sind, werden sie auch hier benutzt.

Diese Astralreise tritt typischerweise in Situationen auf, in denen Lebensgefahr besteht. Da ein Mensch von dem Erlebnis der Astralreise jedoch nur berichten kann, wenn er diese Gefahrensituation überlebt, nennt man diese Astralreise auch „Nahtoderlebnis".

Es ist jedoch auch möglich, solche Astralreisen absichtlich durch Entspannungsübungen und ähnliches hervorzurufen und dann mit dem eigenen Astralkörper an andere Orte zu „fliegen" und sich dort umzusehen und diese Orte auch korrekt wahrzunehmen.

Es ist auch möglich, diese Astralkörper von außen her wahrzunehmen. Dazu ist allerdings entweder eine große Begabung oder einiges an Übung notwendig. Man kann dann diese Astralkörper als milchigweiß leuchtende Schemen wahrnehmen. Wegen diesem Leuchten der Lebenskraft wird diese Art der Wahrnehmung auch „Hellsehen", also das „Sehen von etwas Hellem" genannt.

Durch diese Wahrnehmung der leuchtenden Astralkörper von meist erst kürzlich Verstorbenen ist auch das Motiv des „Bettlaken-Gespenstes" entstanden, das der Versuch ist, diese Art der Wahrnehmung anschaulich zu beschreiben.

Die älteste Form der Beschreibung des Astralkörpers und der Astralreise ist jedoch nicht das leuchtende Schemen, das einem schwebenden, Menschen-gestaltigen Bettlaken ähnelt, sondern der Vogel. Da Vögel fliegen können, ist der Astralkörper „wie ein Vogel", weshalb er bildhaft durch einen Vogel dargestellt werden kann.

Aus dieser bildhaften Beschreibung leitet sich das weltweit verbreitete Motiv des Seelenvogels ab, der das ist, was bei einem Nahtoderlebnis oder beim Tod den physischen Körper verläßt. Dieser Seelenvogel wird in den verschiedenen Religionen und Mythologien als Vogel, als Mensch mit Vogelkopf, als Vogel mit Menschenkopf, als Mensch mit Flügeln („Engel"), als Mensch mit Federkleid, als Mensch mit Federkrone usw. dargestellt.

In den frühen Religionen werden die Menschen, die ein solches Nahtoderlebnis hatten und anschließend gelernt haben, willentlich den eigenen physischen Körper zu verlassen, „Schamanen" genannt. Ihre wichtigste Aufgabe ist es, den Kontakt zwischen den Lebenden und den Seelen (Astralkörpern) ihrer Vorfahren herzustellen. Die Schamanen sind die Astralreise-Profis.

Die älteste Abbildung eines solchen Nahtoderlebnisses stammt aus den Höhlenmalereien von Lascaux in Südfrankreich und wurde in der späten Altsteinzeit um ca. 21.000 v.Chr. angefertigt.

Auf diesem Höhlengemälde ist ein Wisent zu sehen, das mit einem Speer verletzt, aber vermutlich nicht sofort getötet worden ist. Der Speer ist bei diesem Versuch anscheinend zerbrochen. Vor dem Wisent liegt ein Jäger auf der Erde – offensichtlich gab es hier einen Jagdunfall.

Neben dem Jäger ist ein aufrechter Stab zu sehen, auf dem ein Vogel sitzt. Diese Vogelstäbe sind aus fast allen Kulturen bekannt – aus ihnen haben sich später die Totempfähle entwickelt, die zunächst aus einem Pfahl und einem Vogel auf ihm bestanden haben. Der Pfahl ist der physische Leib, der Vogel ist die Seele. Dies ist das älteste religiöse Symbol: „Ihr seid nicht nur der Leib, ihr habt auch eine Seele!"

Der liegende Mann vor dem Wisent hat einen Vogelkopf, d.h. er ist zu einem Seelenvogel geworden, der zur Verdeutlichung noch ein zweites Mal als Vogelstab neben ihm dargestellt worden ist. Der Mann ist also entweder tot oder beinahe tot – sein Astralkörper, also sein Seelenvogel hat diesen Mann entweder dauerhaft (Tod) oder vorübergehend (Nahtoderlebnis) verlassen.

Es ist folglich denkbar, daß dieser Mann – falls er überlebt haben sollte – anschließend zu einem Schamanen geworden ist.

Jagdunfall mit Astralreise, Lascaux, ca. 21.000 v.Chr.

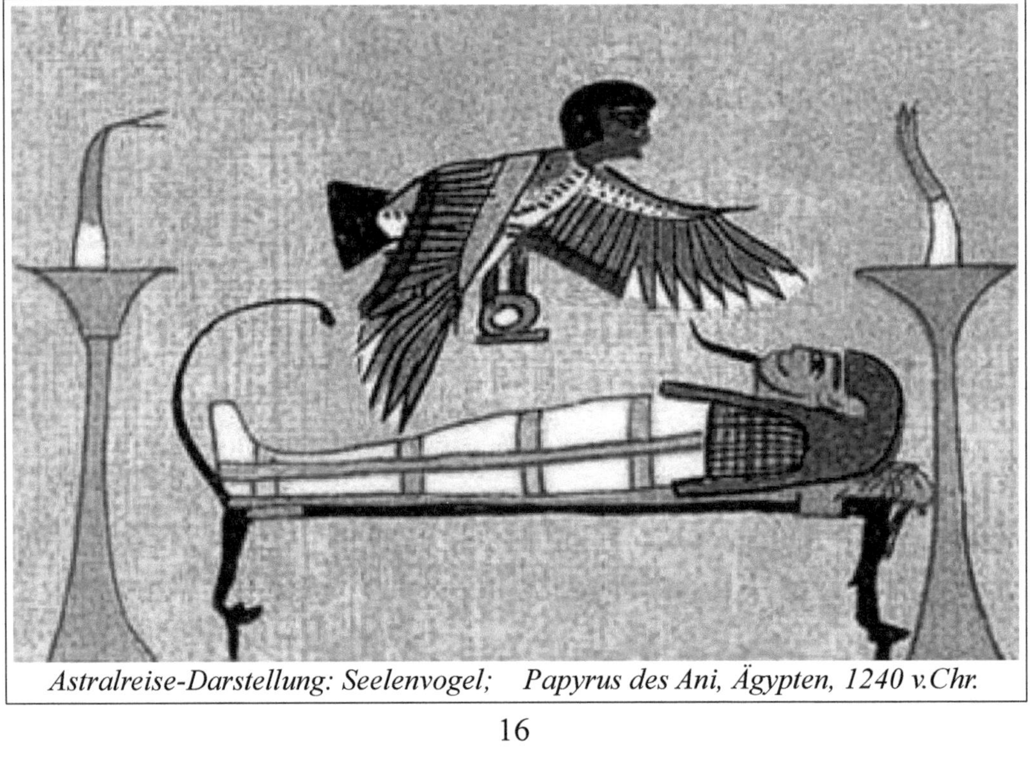

Astralreise-Darstellung: Seelenvogel;   Papyrus des Ani, Ägypten, 1240 v.Chr.

16

2. c) Ohnmacht

Eine Ohnmacht in einer Gefahrensituation ist eigentlich eine seltsame Reaktion – schließlich sollte man erwarten, daß ein Mensch bis zum letzten Atemzug bewußt bleibt und um sein Überleben kämpft.

Diese Reaktion ist jedoch auch bei Tieren gut bekannt – bei Insekten, Spinnen, Vögeln, Amphibien, Reptilien und Säugetieren. Dies muß aufgrund dieser weiten Verbreitung ein sehr ursprüngliches Verhalten sein.

Sie wird bei Tieren „Totstellreflex" genannt. Dieses „sich tot stellen" dient vermutlich dazu, nicht aufzufallen und evtl. durch die Vortäuschung, Aas zu sein, für manche Raubtiere uninteressant zu bleiben. Manche Tiere können dabei sogar die Körpertemperatur, den Herzschlag und die Atmung verringern, Blut aus dem Maul rinnen lassen und wie beim Verwesungsprozeß Ammoniak ausströmen.

Die Ohnmacht als „sich tot stellen" scheint also neben dem Angriff und der Verteidigung eine dritte mögliche Überlebensstrategie in Gefahrensituationen zu sein.

2. d) Entstehung

Nicht jede aussichtslose lebensbedrohliche Situation führt zu der Entstehung eines Traumas. Dies geschieht nur dann, wenn der große Streß, d.h. das in dieser Situation vom Körper ausgeschüttete Adrenalin, das eine möglichst kraftvolle Reaktion ermöglichen soll, nicht wieder durch eine Handlung abgebaut werden kann.

Zunächst einmal gibt es in solch einer lebensbedrohlichen Situation drei Reaktionsmöglichkeiten:

- den Angriff,
- die Flucht,
- das Totstellen.

Als Ergebnis dieser drei Strategien gibt es zwei Möglichkeiten:

- die Strategie war wirkungsvoll: der Betreffende überlebt;
- die Strategie war nicht wirkungsvoll: der Betreffende stirbt.

Die Geschichte geht nur weiter, wenn der Betreffende überlebt. Nun gibt es für den Überlebenden, der sich nach dem Ende der Lebensgefahr noch im maximalen Streß befindet, wieder zwei Möglichkeiten:

- Er hat die Möglichkeit, den Streß durch Zittern, Lachen, Weinen, Schreien, Stampfen und dergleichen abzubauen und aufzulösen. Danach bleibt dann zwar die Erinnerung an das lebensbedrohliche Erlebnis, aber diese

Erinnerung ist nicht mehr mit Emotionen/Adrenalin/Lebenskraft aufgeladen. Es entsteht also kein Trauma.

- Er hat nicht die Möglichkeit, dem Streß Ausdruck zu verleihen, weil die Situation weiterhin gefährlich ist, weil er von anderen Menschen daran gehindert wird oder aus einem anderen Grund. Folglich kann der Druck nicht aufgelöst werden und wird daher in der Psyche umhüllt und isoliert. Dann ist ein Trauma entstanden.

Wenn der Druck aufgelöst werden kann, entsteht zunächst kein Trauma. Allerdings gibt es auch hier wieder zwei Möglichkeiten:

- Das lebensbedrohliche Erlebnis bleibt ein einmaliges Erlebnis oder wiederholt sich nur sehr selten und zudem in sehr langen Abständen. Dann kann der Druck jedesmal wieder aufgelöst werden und es entsteht weiterhin kein Trauma.

- Wenn sich dieses lebensbedrohliche Erlebnis jedoch häufig und in eher kurzen Abständen wiederholt, geht die Fähigkeit, den Streß abzubauen, verloren, da der Abbau des Stresses nicht zu einer dauerhaften Entspannung führen kann. Solche Trauma-auslösenden Wiederholungen kommen vor allem bei Folterungen, Mißhandlungen, Vergewaltigungen und ähnlichem vor. In diesen Fällen entsteht ebenfalls ein Trauma.

3.   Dynamik eines Traumas

3. a)   Struktur

Um ein Trauma heilen zu können, ist es hilfreich, die Struktur eines Traumas möglichst genau zu verstehen. Das Trauma ist in einem früheren Kapitel bereits als eine „mit Emotionen aufgeladene Konservendose im Keller der Psyche, die durch ihren Druck auf einem Regal vor sich hin rappelt" beschrieben worden. Es ist sinnvoll, sich die einzelnen Elemente des Traumas, die hier bildhaft beschrieben sind, einmal genauer anzuschauen.

- der „Keller der Psyche": Dieser Keller ist das Unterbewußtsein. Ein Trauma kann bewußt, halbbewußt oder ganz unbewußt sein. Wirklich klar bewußt ist es meistens nur dann, wenn sich das Trauma entweder sehr oft wiederholt hat oder wenn es durch Therapien, Mediationen, Traumreisen u.ä. wieder bewußt geworden ist.

- die „Konservendose": Sie ist die Erinnerung an das Trauma-auslösende Ereignis, also die Erinnerung an die Folter, die Vergewaltigung, die Lebensgefahr usw. Manchmal kann sich der Betreffende an das Ereignis erinnern, aber nimmt dabei überhaupt nicht wahr, daß mit dieser Erinnerung Emotionen verbunden sind. Er sieht also nur die Form der Konservendose, aber nicht ihren Inhalt – oder anders gesagt: Er erinnert sich nur an das Bild des Ereignisses, aber nicht an die Gefühle, die er bei diesem Ereignis gefühlt hat.

- der „Druck in der Konservendose": Dieser Druck sind die Emotionen, das Adrenalin, die Lebenskraft, die er damals erlebt bzw. aktiviert hat und die er anschließend an das Erlebnis jedoch nicht durch Zittern, Schreien, Stampfen u.ä. ausdrücken konnte. Da diese Lebenskraft damals keine Möglichkeit hatte, durch eine Handlung einen Weg nach außen zu finden, kreist diese Lebenskraft noch immer in dem Erinnerungs-Bild („Konservendose") in der Psyche. Dadurch steht diese „Konservendose" weiterhin unter Druck.

- das „Material", aus dem die „Konservendose" besteht: Direkt nach dem Ende der lebensbedrohlichen Situation wäre das Zittern, Schreien, Stampfen und Um-sich-schlagen die natürliche Reaktion, durch die der Streß abgebaut werden würde und wodurch folglich die Bildung eines Traumas verhindert werden würde.
Wenn dieses Abreagieren jedoch durch andere Menschen oder eine neue Gefahr verhindert oder unterbrochen wird, ist der Betreffende dazu gezwungen, seine Impulse zu beherrschen, d.h. diese Impulse aufgrund seiner Anpassung an die Umstände (Störungen durch andere, erneute Lebensgefahr

o.ä.) einzusperren.

Das „Material" der „Konservendose" besteht folglich entweder aus der Anpassung an andere Menschen, die dem Betreffenden auf irgendeine Weise übergeordnet oder überlegen sind, oder aus dem Überlebensdrang, der deutlich macht, daß Schreien in der Situation gleich nach dem Trauma-auslösenden Erlebnis wieder zu Lebensgefahr führen würde.

Das „Material" der „Konservendose" besteht folglich ebenfalls aus existentiellen Gefühlen – entweder der Verbindung zu der eigenen Gruppe oder aus dem Überlebenswillen.

Sowohl der Inhalt der „Konservendose", also der Druck in ihr, als auch die Konservendose selber, also z.B. der Überlebenswille, bestehen aus existentiellen Impulsen, Gefühlen und einer „einsgerichteten Lebenskraft", die nur das eigene Überleben zum Ziel hat. Es gibt nun folglich eine Kraft in der Dose, die mit existentiellem Druck expandieren will, und eine zweite Kraft – die Dose selber – die mit ebenfalls existentieller Kraft die erste Kraft einzuengen versucht.

Hier entstehen aus dem Überlebenswillen somit kurz nacheinander zwei verschiedene Impulse, die gegeneinander ankämpfen: zum einen der Überlebensimpuls in der Gefahrensituation selber und zum anderen das Blockieren des Abreagierens der nicht mehr benötigten Überlebensimpulse direkt nach der Gefahrensituation: Der Druck in der Dose und die Dose selber.

- das „Rappeln der Konservendose": Aus der Kombination der beiden eben beschriebenen Impulse ergibt sich ein „unruhiges Gleichgewicht" in der Erinnerung an das Trauma-auslösende Erlebnis. Der Druck will nach draußen, doch die Dose will den Druck zurückhalten. Da es wie überall auch hier leichte Schwankungen in der Stärke gibt und diese Schwankungen wiederum Reaktionen hervorrufen, entsteht durch dieses Gegeneinander ein schneller Wechsel zwischen einer Bewegung nach außen und einer Bewegung nach innen – ganz kurz hat der expandierende Druck die Oberhand, dann wieder die einengende Dose, dann wieder der Druck, dann die Dose usw. Das ruft dann ein Zittern, ein Rappeln und folglich eine ständige Unruhe in der Psyche hervor.

Diese zitternde, rappelnde Unruhe läßt sozusagen so etwas wie Wellen entstehen, die von den Bewegungen der „Konservendose in dem Keller der Psyche" ausgehen und die die Psyche nie wirklich ganz zur Ruhe kommen lassen und daher auch verhindern, daß sich die Psyche jemals wirklich vollständig entspannen kann – und vermutlich auch der Körper nicht. Diese Unruhe ist wie ein permanentes Alarmsignal, durch das der Betreffende ständig „auf dem Sprung" ist.

Emotional gesehen ist der Betreffende nach dem Trauma-auslösenden Erlebnis nie mehr wirklich zur Ruhe gekommen – er hat das Trauma-Erlebnis daher auch nie vollständig verlassen.

3. b) Wirkung

Die ständige Unruhe in der Psyche führt zwangsläufig auch zu einer Unsicherheit des Betreffenden. Er ist ständig auf der Hut, er traut den Situationen und den Menschen und der Welt im Allgemeinen nicht mehr.

Man kann bei dieser Wirkung zwei Extremformen unterscheiden, wobei es jedoch auch jede beliebige Abstufung zwischen diesen beiden Polen geben kann:

> - Es gibt eine Trauma-Form, die weitgehend inaktiv ist, d.h. sie verbreitet zwar eine gewisse grundlegende Unruhe in der Psyche, aber reagiert nur auf Situationen, die der Trauma-auslösenden Situation sehr ähnlich sind – z.B. die sexuelle Bedrohung einer Frau durch einen Mann. In einer solchen Situation wird dann die Trauma-Panik ausgelöst und kommt aus dem „Keller der Psyche" (Unterbewußtsein) ins „Wohnzimmer der Psyche" (Wachbewußtsein) heraufgestürmt und reißt die gesamte Aufmerksamkeit an sich. In allen anderen Situationen bleibt das Trauma unten im „Keller der Psyche" und verhält sich weitgehend ruhig – von der Grund-Unruhe, die dieses Trauma bewirkt, einmal abgesehen.

> - Es gibt jedoch auch eine Trauma-Form, die zunächst z.B. durch den Sturz von einem Pferd entstanden ist. Diese Art von Trauma wird in der Folgezeit zunächst nur dann geweckt, wenn man auf dem Rücken eines Pferdes ins Rutschen gerät. Doch im Gegensatz zu dem ersten Trauma-Typ bleibt es bei diesem zweiten Traum-Typ nicht bei diesem Auslöser: Nach einer Weile tritt die Panik bei jedem Reiten auf, dann schon beim Anblick eines Pferdes und noch eine Weile später auch beim Anblick von Eseln und Hunden usw.

Während der erste Trauma-Typ einen eng begrenzten Auslöser hat, kann sich bei dem zweiten Trauma-Typ der Auslöser immer weiter ausdehnen, sodaß der Betreffende letztlich handlungsunfähig werden kann, weil er sich vor allem und jedem fürchtet. Bei diesem zweiten Typ beginnt die Trauma-Angst nach und nach die Herrschaft über die Psyche zu übernehmen, d.h. sie mischt sich überall ein und prägt die gesamte Wahrnehmung und die gesamten Reaktionen dieses Menschen.

Bei der ersten Trauma-Form bleibt der Betreffende weitgehend handlungsfähig – er lebt in einer weitgehend „normalen" Welt. Bei der zweiten Trauma-Form kann er jedoch weitgehend handlungsunfähig werden – er lebt dann in einer von dem Trauma geprägten Welt.

In der Regel wird ein Trauma keine dieser beiden Extrem-Formen annehmen, sondern irgendwo dazwischen liegen.

<h1 style="text-align:center"><u>3. c) Erleben</u></h1>

Für denjenigen, der ein ungeheiltes Trauma in seiner Psyche hat, ist es vor allem wichtig, wie er das selber erlebt – wie andere das von außen her sehen und beurteilen, spielt für ihn meist nur eine Nebenrolle.

Ein Trauma kann die drei Grundqualitäten einer heilen Psyche in die drei Grundqualitäten einer Psyche in Streß verwandeln:

- Die Fülle kann durch ein Trauma zu Mangel werden;
- die Kraft kann durch ein Trauma zu Angst werden;
- die Selbstliebe kann durch ein Trauma zu Selbstzweifeln werden.

Die Fülle, die Kraft und die Selbstliebe ruhen in der Mitte und haben das rechte Maß. Das entspricht den beiden Sprüchen über dem Eingang des Orakels zu Delphi: „Erkenne Dich selbst." und „Nichts im Übermaß."

Wenn man jedoch – meistens durch ein traumatisches Erlebnis – in den Mangel, die Angst und die Selbstzweifel gerät, geht auch das rechte Maß verloren. Dadurch entsteht dann jeweils entweder eine „zu laute" oder eine „zu leise" Variante der drei traumatischen Zustände Mangel, Angst und Selbstzweifel.

Diese sechs möglichen emotionalen Trauma-Zustände erscheinen dann bei einem Menschen als die folgenden Prägungen und Verhaltensweisen:

- der „zu laute" Mangel: Süchtiger
- der „zu leise" Mangel: Asket

- die „zu laute" Angst: Täter
- die „zu leise" Angst: Opfer

- der „zu laute" Selbstzweifel: Angeber
- der „zu leise" Selbstzweifel: Schüchterner

Jeder dieser sechs Grundtypen, die durch ein Trauma entstehen können, hat ein in sich geschlossenes Weltbild und eine in sich schlüssige Verhaltensweise. Diese Verhaltensweisen sind zwar in sich logisch, aber da ihr Fundament letztlich ein Trauma und die Prägung der Psyche durch dies Trauma sind, sind diese Verhaltensweisen nicht „heil" und machen den Betreffenden folglich auch nicht glücklich.

Diese sechs Trauma-geprägten Verhaltensweisen befinden sich allesamt in einem ständigen Streß, der jederzeit zu Panik werden kann, die ihrerseits wieder zu heftigen und der Situation unangemessenen Reaktionen führen kann. Die Betreffenden leben in einer Kugel, die nur aus ihren eigenen Gefühlen und Bildern und Gedanken besteht.

Diese sechs grundlegenden Trauma-Typen sind im Folgenden zum leichteren Verständnis in ihrer Extremform dargestellt worden:

1. Der <u>Süchtige</u> leidet an einem „zu lauten" Fülle-Trauma und schreit ständig mit aller ihm zur Verfügung stehenden Lautstärke nach mehr. Er schreit seinen Mangel in die Welt hinaus. Er kann, wenn er nicht sofort das bekommt, was er haben will, ausgesprochen hysterisch werden.

Er ist sucht gierig nach Hilfe, stiehlt, lügt und betrügt, prägt seine Umgebung, macht andere von sich abhängig, ordnet sie seinem Willen unter, nimmt sich rücksichtslos alles, was er haben willen, setzt sich gegen andere durch, ist zu Diebstahl, Verführung und zu jeder Art von Mißachtung von Gesetzen bereit, und stört sich nicht an dem Schaden, den er durch sein Verhalten anderen zufügt.

2. Der <u>Asket</u> leidet ebenfalls an einem Fülle-Trauma, das jedoch „zu leise" ist. Er verdrängt diesen Mangel durch einen umfassenden Verzicht. Dadurch, daß er sich einredet, daß er nichts braucht, kann er seinen Mangel verdrängen. Um diese Illusion des „ich brauche nichts" aufrecht erhalten zu können, suggeriert er sich selber, in Fülle zu leben und stabilisiert diese Autosuggestion dadurch, daß er anderen hilft, sich für andere aufopfert und alles für sie tut. Er sieht sich als „guten Menschen" an – das ist ihm sehr wichtig, da er damit seine eigenen Mangelgefühle in seinem „Keller der Psyche" gefangen hält: Sein Gutmensch-Selbstbild ist der „Riegel vor seiner Kellertür".

Er gibt den eigenen Willen auf und läßt sich von anderen prägen und führen und paßt sich an sie an, obwohl er gleichzeitig auch jemand ist, der fest davon überzeugt ist, daß er immer recht hat – diese Starre ist notwendig, um den Mangel hinter der Autosuggestion des „ich brauche nichts" versteckt zu halten. Das führt zu einem zwanghaften Handeln.

Er hat seine eigenen Bedürfnisse aufgegeben, d.h. verdrängt. Ersatzweise stillt er die Bedürfnisse von anderen – vorzugsweise von Süchtigen. Diese Starre führt bei dem Asketen auch zu dem bereits genannten zwanghaften Handeln, das jedoch von Zeit zu Zeit in eine völlig erschöpfte und hoffnungslose Resignation und Apathie umkippen kann.

Der <u>Täter</u> leidet an einem „zu lauten" Kraft-Trauma und sucht nach immer mehr Macht und will sich in jeder Situation – Koste es, was es wolle! – durchsetzen. Er muß immer der Sieger sein – er ist süchtig nach Macht. Er will alles prägen, sich gegen alle durchsetzen, immer dominanter werden und manchmal genießt er auch seine Macht und kann dadurch zum Sadisten werden, der seine Überlegenheit durch das Leiden, das er seinen Opfern zufügt, verfestigt.

Er neigt zu einem zwanghaften Handeln: Er muß immer der Stärkste sein – der größte Rüpel auf dem Schulhof, der Einflußreichste in der Clique, der am meisten gefürchtetste Boß, der größte Diktator … Er muß allen befehlen und bestraft jeden Widerspruch oder gar Befehlsverweigerung mit der größtmöglichen Brutalität, damit der Aufsässige das nicht noch einmal versuchen wird.

Das <u>Opfer</u> leidet ebenfalls an einem Kraft-Trauma, das jedoch „zu leise" ist. Es hat jegliche Kraft aufgegeben, wodurch es sich anpaßt, sich aufgibt, geprägt wird, sich unterordnet, gehorcht, fügsam ist, um Hilfe fleht, an das Gute in dem anderen appelliert, und – wenn all das zu keinem Erfolg führt – in hysterische Verzweiflung und in Panikattacken gerät.

Wenn all das Jammern und Flehen und Bitten und Betteln keine Wirkung zeigt, verfällt das Opfer in Resignation und Apathie oder fühlt sich nur noch als Masochist ein wenig lebendig und kann nur noch dann, wenn es gefoltert wird, ein wenig Lebendigkeit spüren.

Das Opfer klammert sich oft an den festen, naiven Glauben, daß alle Menschen im Grunde gut sind, und daß es nur dieses Gute in den anderen wecken muß, damit die Welt und ihr eigenes Leben wieder gut wird.

Die gelegentliche Hysterie des Opfers läßt sich am besten durch die heute etwas karikaturhaft wirkende und schon länger kaum noch existierende Angst von Frauen vor Mäusen beschrieben, bei der die Frauen vor Angst laut kreischend auf den nächsten Stuhl gesprungen sind. Vermutlich wurde die Maus bei dieser Angst mit einem Penis assoziiert.

Der <u>Angeber</u> leidet an einem „zu lauten" Selbstliebe-Trauma und schreit nach immer mehr Bestätigung, Lob, Beifall, Verehrung und Vergötterung, die seine Art der Sucht ist. Er braucht die Hilfe von anderem in der Form von hemmungsloser und grenzenloser Anerkennung. Er muß sich gegen alle anderen durchsetzen und stets alle anderen prägen und nach unten drücken. Er muß stets der Größte, der Beste, der Schönste, der Mächtigste, der Berühmteste usw. sein.

Er ist die Mitte seiner Welt – so wie das auch bei dem Süchtigen und bei dem Täter der Fall ist. Während der Süchtige jedoch die Substanz oder die Gefühle, die er braucht, zu sich heran saugt, und der Täter alle Macht an sich zieht und alle anderen nach unten hin fort trampelt, braucht der Angeber, der ein ruhmsüchtiger Star ist, das Anhimmeln aller anderen.

Durch diesen Narzißmus kann er zu einem Salonlöwen oder einer anderen auffälligen öffentlichen Gestalt werden, die hysterisch werden kann, wenn sie nicht von allen verehrt oder gar von jemandem kritisiert wird.

Der <u>Schüchterne</u> leidet ebenfalls an einem Selbstliebe-Trauma, das jedoch „zu leise" ist. Er hat jeden Selbstwert aufgeben und ist zu einem Fan geworden, der einen Star, zu dem er aufschauen kann, als Selbstwert-Krücke braucht. Der Star ist der Ersatz für die eigene Mitte.

So wie der Asket dem Süchtigen Hilfe gibt, das Opfer dem Täter dient, so gibt der Schüchterne dem Angeber durch die Verehrung seines Idols auch diesem Idol eine Selbstwert-Krücke. Der Schüchterne ordnet sich dem Angeber unter.

Der Schüchterne will eine „graue Maus" und ein „Mauerblümchen" bleiben, da er voller Scham und Schuldgefühle steckt, die er um jeden Preis vor allen anderen verbergen will. Mit derselben Heftigkeit will er auch alle eigenen Impulse, alles eigene Verlangen und meistens auch die eigene Sexualität vor allen anderen verbergen.

Das kann natürlich zu Resignation und Apathie führen, aber ebenso – wenn seine versteckten Impulse von anderen entdeckt werden – zu Selbstmordversuchen führen.

Neben diesen beiden „zu lauten" und „zu leisen" Extremformen gibt es auch noch die Möglichkeit des ständigen Wechsels zwischen diesen beiden Polen. Das wird in der Psychologie „desorganisierte Bindung" genannt. Dies ist bei dem Mangel z.B. der Quartalssäufer, bei der Angst z.B. der Angstbeißer und bei den Selbstzweifeln z.B. jemand, der ständig zwischen Größenwahn und Minderwertigkeitskomplexen hin und her schwankt.

Den Statistiken der Bindungstheorie zufolge sind ca. 66% der Menschen einigermaßen bindungsfähig, d.h. sie haben kein Trauma. Die verbleibenden ca. 34% der Menschen sind in verschiedener Weise labil. Ca. 13% von ihnen sind „zu laut", weitere ca. 13% zu leise und die übrigen ca. 8% wechseln zwischen diesen beiden Polen hin und her.

3. d) Drama

Die Beschreibung dieser sechs Trauma-Typen hat schon gezeigt, daß sich jeweils zwei polare Trauma-Typen gegenseitig anziehen: Süchtiger und Asket, Täter und Opfer sowie Star und Fan. Durch die Polarisierung und das einseitige Verhalten dieser sechs Typen ergibt sich eine bestimmte, immer wieder gleiche Dynamik:

- Der Süchtige sucht sich einen Asketen, der ihm hilft, und der Asket sucht sich einen Süchtigen, dem er helfen kann.
- Der Täter sucht sich ein Opfer, das er ausnutzen kann, und das Opfer sucht sich einen Täter, bei dem es Schutz sucht.
- Der Angeber braucht einen Fan als Beifallklatscher, und der Fan braucht einen Star, den er anhimmeln kann.

Das kling zunächst einmal nach einem recht praktischen Arrangement und das geht auch zunächst einmal eine Weile lang gut, doch da es sich hier um ein gegenseitiges Abhängigkeitsverhältnis handelt, kommt dann eher früher als später die große Krise:

- Süchtiger: „Ich will immer mehr, weil Du immer weniger gibst!"
Asket: „Ich gebe Dir immer weniger, weil Du immer mehr willst!"
Das hat zur Folge, daß der Mangel, den beide in sich tragen, offensichtlich wird, was beide nicht aushalten können, da sie damit schon sehr nah an ihr jeweiliges Mangel-Trauma kommen. Dann entsteht das „Mangel-Drama".

- Täter: „Ich verlange immer mehr Gehorsam, weil Du immer weniger gehorchst!"
Opfer: „Ich gehorche immer weniger, weil Du immer Gehorsam verlangst!"
Das hat zur Folge, daß die Angst, die beide in sich tragen, offensichtlich wird, was beide nicht aushalten können, da sie damit schon sehr nah an ihr jeweiliges Angst-Trauma kommen. Dann entsteht das „Angst-Drama".

- Angeber: „Ich will immer mehr Lob, weil Du immer weniger Lob gibst!"
Schüchterner: „Ich gebe Dir immer weniger Lob, weil Du immer mehr Lob haben willst!"
Das hat zur Folge, daß die Selbstzweifel, die beide in sich tragen, offensichtlich werden, was beide nicht aushalten können, da sie damit schon sehr nah an ihr jeweiliges Selbstzweifel-Trauma kommen. Dann entsteht das „Selbstzweifel-Drama".

In den meisten Fällen gibt es kein Reinform-Trauma, also nur das Mangel-Thema, das Angst-Thema oder das Selbstzweifel-Thema, sondern die Kombination von allen drei Themen. Dabei gibt es dann die beiden Grundmodelle des „zu lauten" Süchtigen, der auch ein Täter und ein Angeber ist, und des „zu leisen" Asketen, der auch ein Opfer und ein Schüchterner ist. Allerdings sind die jeweiligen Schwerpunkte der drei Themen „Mangel, Angst, Selbstzweifel" der Menschen mit Trauma sehr verschieden.

Leider sind die Dynamiken, die sich aus einem Trauma ergeben, damit noch nicht zuende: Aus einem Trauma entsteht ein ganzes Beziehungsgeflecht – eine Gruppe, die ungewollt gemeinsam das Trauma-Drama aufführt.
An diesem Drama nehmen mindestens vier Personen teil, die ganz klar definierte Rollen innehaben. Dieses Schauspiel wird im Folgenden am Beispiel eines Süchtigen beschrieben:

1. Rolle: der Süchtige – der in diesem Beispiel betrachtete Mensch mit einem Trauma
2. Rolle: ein anderer Süchtiger – ein Freund und Leidensgenosse
3. Rolle: eine Süchtige – eine Frau, die eine Freundin des Süchtigen ist
4. Rolle: ein Asket – der Feind des Süchtigen, der ihm hilft und ihm zugleich das Leben schwer macht
5. Rolle: eine Asketin – die Beziehungspartnerin des Süchtigen

Diese Grundstruktur des Beziehungs-Dramas bei Trauma-geprägten Menschen findet sich auch bei den beiden anderen Themen. Diese sechs Möglichkeiten lassen sich – in den beiden Geschlechts-Varianten – wie folgt kurz darstellen:

selber:	<u>Süchtiger</u>		selber:	<u>Süchtige</u>
Freund:	Süchtiger		Freundin:	Süchtige
Freundin:	Süchtige		Freund:	Süchtiger
Feind:	Asket		Feindin:	Asketin
Beziehung:	Asketin		Beziehung:	Asket
selber:	<u>Asket</u>		selber:	<u>Asketin</u>
Freund:	Asket		Freundin:	Asketin
Freundin:	Asketin		Freund:	Asket
Feind:	Süchtiger		Feindin:	Süchtige
Beziehung:	Süchtige		Beziehung:	Süchtiger
selber:	<u>Täter</u>		selber:	<u>Täterin</u>
Freund:	Täter		Freundin:	Täterin
Freundin:	Täterin		Freund:	Täter
Feind:	Opfer		Feindin:	Opferin
Beziehung:	Opferin		Beziehung:	Opfer
selber:	<u>Opfer</u>		selber:	<u>Opferin</u>
Freund:	Opfer		Freundin:	Opferin
Freundin:	Opferin		Freund:	Opfer
Feind:	Täter		Feindin:	Täterin
Beziehung:	Täterin		Beziehung:	Täter
selber:	<u>Angeber</u>		selber:	<u>Angeberin</u>
Freund:	Angeber		Freundin:	Angeberin
Freundin:	Angeberin		Freund:	Angeber
Feind:	Schüchterner		Feindin:	Schüchterne
Beziehung:	Schüchterne		Beziehung:	Schüchterner
selber:	<u>Schüchterner</u>		selber:	<u>Schüchterne</u>
Freund:	Schüchterner		Freundin:	Schüchterne
Freundin:	Schüchterne		Freund:	Schüchterner
Feind:	Angeber		Feindin:	Angeberin
Beziehung:	Angeberin		Beziehung:	Angeber

Dieses Beziehungs-Drama oder Lebensschauspiel-Drama wird natürlich von niemandem freiwillig ausgewählt, sondern ergibt sich aus der Dynamik des Traumas, also der Polarisierung des Charakters.

Ein leicht größenwahnsinniger Angeber versteht sich am besten mit einem anderen leicht größenwahnsinnigen Angebern (z.B. Putin und Trump); ein Schüchterner im System dieses Angebers (z.B. sein Sohn) destabilisiert jedoch das eigenen Ansehen und wird daher zu einem Störfaktor, der als Feind angesehen werden kann; und an der eigenen Seite erträgt der Angeber nur eine ihn anhimmelnde „graue Maus" als Ehefrau.

Eine Opfer-Frau versteht sich gut mit anderen Frauen und Männern, die auch in die Opfer-Rolle geraten sind; sie findet andere Frauen, die sich wie Täter verhalten, einfach nur „ätzend"; und sie sucht sich für ihre Beziehung einen starken Mann, der sie beschützt – und sie später dann unterdrückt.

Ein Asket versteht sich gut mit anderen Asketen und Asketinnen, während er den Süchtigen als ständigen Störenfried empfindet; die Süchtige ist jedoch sowohl von ihrer Charakter-Ausrichtung als auch von ihrem Geschlecht her sein Gegenpol und übt auf ihn daher die maximale Anziehungskraft aus.

Diese Beziehungs-Dramen sind leider keine lustvollen Komödien, sondern leidvolle Tragödien …

Die „Schauspieler" in diesen Trauma-Dramen haben natürlich fast immer ebenfalls ein Trauma. Es sucht also nicht nur der Asket den Süchtigen, sondern auch der Süchtige den Asketen. Der Asket spielt seine Rolle im Trauma-Drama des Süchtigen und der Süchtige spielt seine Rolle im Trauma-Drama des Asketen. Diese gegenseitige Bindung, die auf dem jeweiligen Trauma der beiden beruht, macht diese Begegnung so intensiv und zugleich so leidvoll.

<u>3. e) Chakren</u>

Die Chakren sind sozusagen die Organe des Lebenskraftkörpers. Die sieben Hauptchakren haben alle klar definierte Eigenschaften und Aufgaben, die im Folgenden kurz geschildert werden.

Die drei unteren Chakren sind ich-bezogen und egoistisch – die drei oberen Chakren sind Du-bezogen und sozial.

Die drei unteren Chakren sind folglich die, die „zu laut" werden können, und die drei oberen Chakren sind die, die „zu leise" werden können.

Das Herzchakra ist entweder offen und strahlt oder es ist aufgrund eines Traumas verhüllt und strahlt nicht.

Name	Lage	Phase	Eigenschaft	Symmetrie
Scheitel-chakra	auf dem Kopf	oral	Erleben; Bewußtheit	
Drittes Auge	zwischen den Augenbrauen	anal	Denken: Orientierung	
Hals-chakra	Kehle	phallisch	Fühlen: sich zeigen, Raum einnehmen	
Herz-chakra	Brustmitte	genital	Identität: „Tempel der Seele"	
Sonnen-geflecht	unter den Rippen	phallisch	Fühlen: Energieverteiler	
Hara	unter dem Nabel	anal	Denken: innerer Halt, Standfestigkeit	
Wurzel-chakra	zwischen Genita-lien und After	oral	Erleben: Energieversorgung	

Der heile Zustand der Fülle, aber auch die Mangel-Störung gehören zu der von Sigmund Freud beschriebenen „oralen Phase".

Der heile Zustand der Kraft, aber auch die Angst-Störung gehören zu der von Sigmund Freud beschriebenen „analen Phase";

Der heile Zustand der Selbstliebe, aber auch die Selbstzweifel-Störung gehören zu der von Sigmund Freud beschriebenen „phallischen Phase".

Die verschiedenen Arten von Trauma lassen sich den Zuständen der Chakren-Paare zuordnen:

- Mangel-Trauma: äußeres Chakren-Paar (orale Phase)

    - „zu lautes" Mangel-Trauma: <u>Süchtiger</u>
        - Energie-Stau im Wurzelchakra (überaktiv)
        - Energie-Mangel im Scheitelchakra (blockiert)

    - „zu leises" Mangel-Trauma: <u>Asket</u>
        - Energie-Stau im Scheitelchakra (überaktiv)
        - Energie-Mangel im Wurzelchakra (blockiert)

- Angst-Trauma: mittleres Chakren-Paar (anale Phase)

  - „zu lautes" Angst-Trauma: <u>Täter</u>
    - Energie-Stau im Hara (überaktiv)
    - Energie-Mangel im Dritten Auge (blockiert)

  - „zu leises" Angst-Trauma: <u>Opfer</u>
    - Energie-Stau im Dritten Auge (überaktiv)
    - Energie-Mangel im Hara (blockiert)

- Selbstzweifel-Trauma: inneres Chakren-Paar (phallische Phase)

  - „zu lautes" Selbstzweifel-Trauma: <u>Angeber</u>
    - Energie-Stau im Sonnengeflecht (überaktiv)
    - Energie-Mangel im Halschakra (blockiert)

  - „zu leises" Selbstzweifel-Trauma: <u>Schüchterner</u>
    - Energie-Stau im Halschakra (überaktiv)
    - Energie-Mangel im Sonnengeflecht (blockiert)

Der <u>Süchtige</u> lebt ganz aus seinem körperlichen oder psychischen Verlangen heraus, also aus seinem Wurzelchakra. Altruismus und Nächstenliebe, die zu dem Scheitelchakra gehören, sind bei ihm im Vergleich dazu deutlich schwächer. Das Trauma, das stets ein Energiestau ist, befindet sich bei dem Süchtigen im Wurzelchakra. Sein Trauma entstand in einer Gier-Situation.

Der <u>Asket</u> lebt ganz aus seinem geistig-spirituellen Weltbild heraus, also aus seinem Scheitelchakra. Direktheit und Verlangen, die zu dem Wurzelchakra gehören, sind bei ihm im Vergleich dazu deutlich schwächer. Das Trauma, das stets ein Energiestau ist, befindet sich bei dem Asketen im Scheitelchakra. Sein Trauma entstand in einer Situation, in der ihm etwas genommen worden ist.

Der <u>Täter</u> lebt ganz aus seinem Macht- und Dominanzstreben heraus, also aus seinem Hara. Überblick und Weitsicht, die zu dem Dritten Auge gehören, sind bei ihm im Vergleich dazu deutlich schwächer. Das Trauma, das stets ein Energiestau ist, befindet sich bei dem Täter im Hara. Sein Trauma entstand in einer Angriffs-Situation.

Das <u>Opfer</u> lebt ganz aus seinem Ohnmachtsgefühl und seiner Neigung zum Dienen heraus, also aus seinem Dritten Auge heraus. Macht und Dominanzstreben, die zu dem Hara gehören, sind bei ihm im Vergleich dazu deutlich schwächer. Das Trauma, das stets ein Energiestau ist, befindet sich bei dem Opfer im Dritten Auge. Sein Trauma entstand in einer Flucht-Situation, in der er sich nicht verteidigen konnte.

Der <u>Angeber</u> lebt ganz aus seiner Ruhmsucht und seinem Vordrängen heraus, also aus seinem Sonnengeflecht. Zuhören und Verstehen, die zu dem Halschakra gehören, sind bei ihm im Vergleich dazu deutlich schwächer. Das Trauma, das stets ein Energiestau ist, befindet sich bei dem Angeber im Sonnengeflecht. Sein Trauma entstand in einer Situation, in der er größer gemacht hat als er wirklich war.

Der <u>Schüchterne</u> lebt ganz in seiner Scham und seinen Schuldgefühlen heraus, also aus seinem Halschakra heraus. Ruhmsucht und Vordrängen, die zu dem Sonnengeflecht gehören, sind bei ihm im Vergleich dazu deutlich schwächer. Das Trauma, das stets ein Energiestau ist, befindet sich bei dem Schüchternen im Halschakra. Sein Trauma entstand in einer Situation, in der der sich kleiner gemacht hat, als er wirklich ist.

Diese Übersicht des Zusammenhanges zwischen den Trauma-Typen und den Chakren ist vor allem für viele alternative Heilweisen wie Traumreisen, Meditationen, Frequenzmedizin und ähnliches von Bedeutung.

3. f) Symptome

Der äußere Eindruck, den ein Mensch macht, dessen Wesen von einem Trauma geprägt wird, kann sehr vielfältig sein. Diesen äußerlichen Eindrücken ist jedoch gemeinsam, daß es Themen gibt, bei denen die Betreffenden sehr auffällig und offensichtlich irrational reagieren. Es gibt Themen, bei denen sie anscheinend keine Freiheit besitzen, sondern immer nach bestimmten vorgegebenen Mustern reagieren.

Natürlich haben alle Menschen ihren eigenen Stil, der ihr Verhalten prägt, aber die Trauma-Prägung fällt dadurch auf, daß sie plötzlich erscheint und daß das Verhalten bei diesem Thema oft aus dem sonstigen Verhalten dieses Menschen herausfällt.

Wenn bei einem Menschen in einer bestimmten Situation ein Trauma aktiviert wird, weil die Situation Ähnlichkeit mit der Situation hat, in der das Trauma entstanden ist, steigt die Anspannung dieses Menschen schlagartig sehr deutlich an und es kommt oft zu plötzlichen Brüchen im Verhalten – der Betreffende schlägt in seinem Reden und Handeln plötzlich eine andere, unerwartete Richtung ein oder geht plötzlich fort. Manchmal scheint er auf einmal geradezu ein anderer Mensch zu werden, wenn das Trauma die Regie zu übernehmen beginnt.

Möglicherweise lehnt er – wenn er ein Mangel-Trauma hat – plötzlich jeden Körperkontakt ab („Asket") oder klammert sich an einem anderen fest („Süchtiger").

Oder er wird – wenn er ein Angst-Trauma hat – plötzlich aggressiv („Täter") oder versucht sich zu verstecken („Opfer").

Möglicherweise reißt er auch – wenn er ein Selbstzweifel-Trauma hat – das Gespräch an sich und redet plötzlich laut von seinen eigenen Leistungen („Angeber") oder zieht sich zurück und wird ganz unscheinbar („Schüchterner").

In den Fällen, in denen jemand ein „zu lautes" Trauma hat (Süchtiger, Täter, Angeber), kann sich die Anspannung zu einer Übersteigerung aufbauen, der dann jedes rechte Maß fehlt, die zu blindem Alarmismus und Handlungsdrang führt und letztlich in einen völlig übersteigerten Panik-Anfall („Süchtiger"), in einem Wut-Anfall („Täter) oder in einer Selbstlob-Orgie („Angeber") endet. Dies ist sozusagen eine „alle Kraft einsetzende Verzweiflung".

In den Fällen, in denen jemand ein „zu leises" Trauma hat (Asket, Opfer, Schüchterner), kann sich die Anspannung ebenfalls zu einer Übersteigerung aufbauen, der dann ebenfalls jedes rechtes Maß fehlt, wobei der Betreffende in diesem Fall jedoch nicht wie der „zu laute" Typ quasi explodiert, sondern stattdessen in sich zusammenfällt. Dadurch entstehen dann Resignation, Niedergeschlagenheit, Apathie, Depressionen – also die „kraftlose Verzweiflung". Dabei kann es zu einem Rückzug in die Isolation kommen („Asket"), zu einem jammernden und flehenden Bitten um Verzeihung („Opfer") oder zu einer Selbstbeschimpfung („Schüchterner").

Allen diesen Reaktionen ist gemeinsam, daß sie völlig maßlos sind und für einen Außenstehenden in ihrer Heftigkeit zunächst einmal auch völlig unverständlich sind und auf den ersten Blick überhaupt nicht zu der Situation passen, die diese Reaktion ausgelöst hat.

Das auffällige Verhalten eines Traumatisierten ist diesem oft weitgehend unbewußt, auch wenn es anderen auf krasse Weise auffällt. Wenn dann das Trauma und das daraus resultierende Verhalten dem Traumatisierten bewußt wird, ist er meist erst einmal hilflos und weiß nicht, wie er sein Verhalten ändern könnte – er ist wie ein Gefangener in seinem Trauma.

Es ist auch schwierig bis unmöglich, jemandem ohne Trauma die Heftigkeit der Trauma-Prägung und Trauma-Blockade zu erklären. Wie soll man jemand einen Kerker erklären, der niemals in einem Kerker gefangen gewesen ist? Und ein Trauma erschafft Lebensbereiche, in der der Betreffende wie unter Zwang handelt und keine Entscheidungsfreiheit mehr hat.

Das Trauma ist direkt an den Überlebensdrang angeschlossen – schließlich ist das Trauma in einer lebensbedrohlichen Situation entstanden und der Betreffende hat dieses Grundgefühl der massiven Bedrohung nie beenden können, weil er entweder bei der Auflösung der Anspannung gestört worden ist oder weil die Gefahr sich zu oft wiederholt hat.

Daher steht der Traumatisierte nicht einfach vor einer schwierigen Situation, für deren Bewältigung er sich eben mal ein bißchen mehr anstrengen muß, sondern er ist wirklich in dem Gefühl einer aktuellen lebensbedrohlichen Situation gefangen, die ihm keinen Handlungsspielraum mehr lässt – er kann zunächst einmal (vor seiner Heilung) nur so handeln, wie er durch sein Trauma geprägt worden ist..

Das ist einem Außenstehenden, der selber kein Trauma erlebt hat, nur schwer zu verständlich zu machen …

<u>3. g)   Hilfe</u>

Der Versuch, den „zu lauten" Trauma-Typ zu beruhigen bzw. den „zu leisen" Trauma-Typ aufzumuntern, führt in der Regel nicht weit, da bei dem Betreffenden etwas eingerastet ist – das Trauma ist aktiviert worden. Da ein Trauma nur noch schwarz-weiß denken kann, aber keine Grauton-Abstufungen mehr wahrnehmen kann, ist es kaum möglich, einem Menschen mit aktiviertem Trauma mit Vernunft-Argumenten zu helfen.

Man kann einem solchen Menschen zunächst einmal nur zuhören, ihn zu verstehen versuchen, und schauen, ob man das Thema und den Charakter seines Traumes erfassen kann. Meistens läßt sich anhand des Verhaltens leicht erkennen, zu welchem Bereich das Trauma gehört: Mangel, Angst oder Selbstzweifel. Dieser Teil ist meistens recht deutlich.

Es ist wichtig, wenn man mit einem Menschen zusammen ist, der gerade in ein Trauma zurückgefallen ist, keinerlei Drängen oder Druck auszuüben und ihn nicht irgendwohin bringen zu wollen. Auch Aussagen wie „Ist doch alles nicht so schlimm!" sind alles andere als hilfreich. Man sollte dem Betreffenden Raum geben, so zu handeln, wie er es gerade will und darauf achten, daß man selber dabei aber in seiner eigenen Fülle, Kraft und Selbstliebe bleibt.

Dieses „Raum geben" bedeutet auch, daß man den Betreffenden, wenn er z.B. um sich schlägt, nicht festhält, sondern nur darauf achtet, daß er weder sich noch andere verletzt. Auch andere heftige Reaktionen sollte man – soweit dies irgendwie möglich ist – ungehindert ablaufen lassen. Einschränkungen des Selbstausdrucks verstärken nur die Mauer um das Trauma, also die „Dicke der Wand der Konservendose" – schließlich besteht ein Trauma zur Hälfte aus der Wand um ein heftiges Gefühl. Daher hilft es nicht, diese Wand noch dicker zu machen. Es geht hier nicht um Selbstkontrolle, sondern um ein „sich zeigen".

Wenn das Trauma wieder bewußt werden kann und sich sowohl die Erinnerung an das Trauma-auslösende Ereignis als auch die Gefühle in dieser Erinnerung zeigen können, besteht eine Chance zur Heilung des Traumas.

4. Heilung

Es gibt verschiedene Heilungs-Ansätze und Heilungs-Verfahren, die sich zum größten Teil auch miteinander kombinieren lassen.

4. a) Rückhalt

Die Begegnung mit einem Trauma – vor allem mit den alten Gefühlen in ihm – ist eine große Herausforderung. Daher ist es nicht ganz einfach, dabei den „Kopf über Wasser zu behalten". Folglich ist es sinnvoll, vor dem Gang in den „Keller der Psyche" hinab sich so viel Rückhalt wie möglich zu organisieren.

Dieser Rückhalt kann ein Freund oder eine Freundin sein, ein Therapeut, aber auch eine Gottheit (Gebet, Meditation, Traumreise) oder – wenn man sie bereits kennt – die eigene Seele oder das eigene Krafttier. Man kann auch schauen, welcher eigene Körperteil sich sicher anfühlt. Es kann auch die Erdanziehungskraft sein: „Mutter Erde läßt mich nicht ins Weltall hinaus fallen, sondern hält mich sicher hier auf der Erde."

Diese Suche nach so viel Rückhalt wie möglich ist auch die Bedeutung des Wortes „Religion", das wörtlich „Rück-Verbindung" bedeutet, womit eine „Nabelschnur" zu den Göttern bzw. zu Gott gemeint ist. In der Psychologie nennt man dieses Vorgehen „Ressourcen-orientierte Heilung".

4. b) erster Kontakt

Nun ist es zwar generell so, daß man mit einer Sache nur etwas machen kann, wenn man Kontakt zu ihr hat, doch sollte man bei einer Trauma-Heilung immer Maß halten.

Das bedeutet ganz praktisch, daß man sich zunächst nur ganz langsam dem Trauma annähert. Man schaut nur kurz, ob man irgendetwas in dem „Keller seiner Psyche" sehen kann und zieht sich dann sofort wieder zurück. Dann geht man einige Tage später noch einmal in den „Keller der Psyche" und schaut noch einmal, und so weiter.

Es ist wichtig, den Kontakt zu dem Trauma zu bekommen, da man sonst nichts mit dem Trauma machen kann. Gleichzeitig muß man jedoch immer darauf achten, daß man „seinen Kopf über Wasser behält", da sonst niemand mehr da ist, der etwas mit dem Trauma tun könnte. Man braucht zum einen den Kontakt zu dem Trauma und zum anderen braucht man aber auch jemanden, der dem Trauma gegenüberstehen kann.

Daher geht man immer nur so weit auf das Trauma zu, wie man gehen kann, ohne dabei in den alten Gefühlen zu versinken. Dabei wird es sich zeigen, daß man jedesmal ein kleines bißchen weiter als beim vorigen Mal gehen kann.

Nach einer Weile wird man dann auch das erste Mal nicht nur die „Konservendose" im „Keller der Psyche" sehen können, sondern man kann auch kurz ihren „Deckel" öffnen und einen Teil der Gefühle in der „Konservendose" fühlen. Doch der Deckel sollte sofort wieder verschlossen werden, damit das Trauma nicht aktiviert wird und der Betreffende nicht von den alten Gefühlen überschwemmt wird.

Durch diese vielen Besuche im „Keller der Psyche" und die Begegnungen mit der „Konservendose" entsteht schrittweise eine Vertrautheit mit dem Trauma. Durch das häufige kurze Öffnen der „Konservendose" kann sich zudem der emotionale Druck des Traumas nach und nach vermindern.

Diese Methode ist als Einstieg hilfreich, weil sie die „Angst vor der Angst", also die „Angst vor dem Trauma" allmählich abbauen kann, was den Umgang mit dem Trauma und alle später angewandten Methoden erleichtern kann.

Wenn jemand ein traumatisches Verlust-Erlebnis hat, hilft es dem Betreffenden nicht bei der Heilung, wenn man ihm viel Nähe gibt – das lenkt eher von dem Trauma ab. Stattdessen ist es notwendig, daß sich der Traumatisierte seiner Verlust-Gefühle wirklich bewußt wird. Allerdings hilft Nähe anschließend beim Erden einer erfolgten Heilung. Das soll natürlich nicht heißen, daß man einem Nähe-Traumatisierten Nähe oder Beziehungs-Sicherheit vorenthalten soll – es ist nur wichtig zu sehen, daß die äußere Nähe nicht das innere Nähe-Trauma lösen kann. Ein Trauma ist kein Loch, das man füllen muß, sondern ein Druck, der freigesetzt werden muß.

4. c)   das Trauma-Bild

Wenn man etwas heilen will, ist es hilfreich zu wissen, womit man es zu tun hat. In der Regel wird jemand, der von einem Trauma geplagt wird, schon einiges über sein Problem wissen. Es ist also hilfreich, den Betreffenden alles erzählen zu lassen, was ihm zu seinem Problem einfällt.

In einem nächsten Schritt kann man ihn frei zu seinem Thema assoziieren lassen und ihn immer wieder von dem Thema ausgehend andere Aspekte und Assoziations-ketten betrachten lassen. Auf diese Weise wird die Kontur des Traumas zumindest in seinen groben Umrissen erfaßbar.

Dabei ist es wichtig, daß man sich klar macht, daß das Gedächtnis kein Photoalbum ist, sondern daß das Gedächtnis Erinnerungen weiterverarbeitet, also die Erinnerun-gen mit anderen Erinnerungen kombiniert, Dinge hervorhebt oder in den Hintergrund schiebt usw. Diese Verarbeitung von Erinnerungen hat den Sinn, daß im eigenen Inne-ren ein Weltbild entsteht, an dem man seine eigenen Handlungen orientieren kann, sodaß man möglichst effektiv das erreichen kann, was man will, und das vermeiden kann, was man nicht will. Man kann Erinnerungen also nicht unbedingt wörtlich nehmen.

Wenn man den Verarbeitungsstil der Erinnerungen eines Menschen erkennen will, kann man sich auch die Stellung des Saturns in dem Horoskop dieses Menschen anschauen. Im Skorpion neigt der Saturn sehr stark zu Hervorhebungen einzelner Aspekte; im Steinbock bleibt er weitgehend sachlich; im Krebs verknüpft er die Erinnerungs-Bilder sehr stark miteinander; in den Fischen werden die Erinnerungen zu Urbildern usw.

Es ist auch hilfreich, sich die Träume des Betreffenden erzählen zu lassen. Um aus diesen Träumen Rückschlüsse auf den Ursprung dieser Traumbilder schließen zu können, ist jedoch ein wenig Übung im Umgang mit den inneren Bildern notwendig.

Man kann auch durch Traumreisen, also durch „bewußtes Träumen" ganz gezielt innerlich zu dem Trauma-Thema reisen und sich anschauen, was man dort in der Psyche findet.

Eine ebenfalls nützliche Methode ist es, das Trauma mithilfe einer Familienaufstellung zu erkunden. Dabei wird man mit einiger Wahrscheinlichkeit auch Zusammenhänge erkennen, die einem vorher noch nicht bewußt gewesen sind.

Eine weitere Möglichkeit, das Trauma-Thema zu erfassen, ist die Betrachtung der Geschichte, die sich der Betreffende ständig zu dem Trauma erzählt. Dies kann recht schlicht ein „Ich kann das nicht! Ich kann das nicht!" sein, aber es kann auch eine lange und detailreiche Geschichte sein.

Diese Geschichte ist ein Teil der Gedankenkreise, in die man leicht gerät, wenn ein Trauma aktiviert worden ist: Man denkt immer wieder dasselbe und man kommt am Ende immer wieder am Anfang der Gedanken an. Diese innere Geschichte ist ein Teil des „Materials", aus dem die „Hülle der Konservendose" besteht. Die Geschichte, die man sich immer wieder erzählt, gibt der „Konservendose" Festigkeit.

Ein Süchtiger wird vielleicht erzählen, was er alles tun will, um etwas zu erlangen; ein Asket erzählt und begründet, warum er nichts braucht; ein Täter wird erzählen, wie er allmächtig wird; ein Opfer erzählt, wie es sich verbirgt; ein Angeber erzählt von dem Ruhm, den er erlangen wird; und ein Schüchterner erzählt von seiner Scham und seinen Schuldgefühlen.

Diese Geschichten zeigen vor allem, was das eigentliche Problem ist – also welche Bilder in dem Trauma enthalten sind. Das Ziel ist natürlich, daß sich der Mensch, der von einem Trauma geplagt wird, schließlich wieder eine Geschichte erzählen kann, die sein eigenes Wesen, seine eigene Wahrheit, seine eigene Seele beschreibt. Diese „wahre Geschichte" ist dann eine Hilfe dabei, das Licht der Seele ungehindert durch die eigene Psyche in jede Haltung und Handlung strahlen zu lassen.

Vielleicht wird diese wahre Geschichte schon deutlich bevor das Trauma geheilt ist, sodaß der Betreffende dann zwei Geschichten zur Auswahl hat. Doch diese wahre Geschichte kann erst dann zu der Geschichte werden, die das gesamte eigene

Verhalten prägt, wenn das Trauma geheilt worden ist. Diese wahre Geschichte kann jedoch auch schon vorher eine große Orientierungshilfe und ein großer Rückhalt werden, wenn man sie allmählich zu erkennen beginnt.

4. d) „zu laut" und „zu leise"

Es gibt einen deutlichen Unterschied zwischen den beiden Arten des Traumas, also denen, die zu einem „zu lauten" Verhalten führen, und denen, die zu einem „zu leisen" Verhalten führen. Während der „zu leise" Typ Hilfe und Unterstützung bei anderen sucht, weil er sich eben hilflos fühlt, strebt der „zu laute" Typ hingegen nach immer mehr Durchsetzung und sieht jede Hilfsbedürftigkeit als Schwäche an, die es um jeden Preis zu vermeiden gilt.

Daher ist der „zu leise" Trauma-Typ sozial eingestellt, während der „zu laute" Trauma-Typ egoistisch eingestellt ist. Diese Tendenzen gibt es natürlich auch bei Menschen ohne Trauma und selbst in der Politik, also kollektiv, findet sich der Gegensatz des freiheitlich-egoistischen und des sozial-altruistischen Ansatzes.

Daraus ergibt sich, daß nur die drei „zu leisen" Trauma-Typen – also Asket, Opfer und Schüchterner – Therapeuten aufsuchen. Die drei „zu lauten" Trauma-Typen – also Süchtiger, Täter und Angeber – wird man dort hingegen so gut wie nie finden. Diese drei „zu lauten" Typen werden fast nur durch Gerichtsbeschluß oder ähnliches in eine Therapie gesandt.

Es widerspricht den „zu lauten" Trauma-Typen einfach, eine eigene Schwäche einzugestehen und sich dafür Hilfe zu holen – schließlich sind sie diejenigen, die immer alles haben müssen (Süchtiger), die sich immer durchsetzen müssen (Täter) und die immer allen Beifall erhalten müssen (Angeber).

4. e)   der Gegenpol

Ein Mensch, der in größerem Ausmaß durch ein Trauma geprägt ist, befindet sich in einem Extremzustand, der entweder „zu laut" oder „zu leise" ist. Der heile Zustand ist hingegen kein Extremzustand, sondern hat die „richtige Lautstärke".

Es ist jedoch schwierig, von dem kranken Extremzustand aus die heile Mitte erkennen zu können. Diesem Erkennen der Mitte geht fast immer ein anderer Schritt voraus: der Wechsel zum Gegenpol.

Da sich in aller Regel nur der „zu leise" Trauma-Typ um eine Heilung kümmert, gibt es hier drei Möglichkeiten:

- Der <u>Asket</u> muß sich kurzfristig wie ein Süchtiger verhalten. Der Asket muß seine Gier entdecken und sie auch mindestens einmal, besser mehrmals auch ausleben. Das kann sich auf Essen, Trinken, Sex, Geld und noch einiges anderes beziehen – eben auf das Thema, bei dem er ständig die Haltung des Verzichtenden einnimmt. Es ist wichtig, daß der Asket eine „Süchtiger-Handlung" durchführt.

- Das <u>Opfer</u> muß sich kurzfristig wie ein Täter verhalten. Das Opfer muß seine eigene Aggressivität, das Brechen der Regeln, das Verursachen von Chaos, das Durchsetzen usw. leben und dadurch auch erleben. Das kann ein Wutanfall sein, aber auch eine ganz andere Handlung wie das „unartig in die Hose pinkeln". Die passende Art der „Täter-Handlung" hängt davon ab, welches Trauma-Thema das Opfer hat.

- Der <u>Schüchterne</u> muß sich kurzfristig wie ein Angeber verhalten. Der Schüchterne muß sich also in den Mittelpunkt stellen, die Aufmerksamkeit von allen auf sich ziehen und sich selber loben und zeigen, wie genial er ist. Diese Selbsterhöhung sollte dabei den Bereich zum Thema haben, in dem er schüchtern, voller Scham und Schuldgefühlen ist.

Die Schwierigkeit bei diesem „Wechsel zum Gegenpol" ist für den „zu leisen" Trauma-Typ die Überwindung, das zu tun. Wie sich ein Süchtiger, ein Täter und ein Angeber verhalten, wissen sie schon ganz genau. Dies liegt daran, daß der heile Zustand, wenn er zu dem kranken Zustand wird, in jeweils zwei Extrembilder zerfällt:

- Der <u>Asket</u> hat die Fülle verloren und lebt daher im Mangel. Er lebt das Extrembild des Asketen und trägt das Bild des Süchtigen in sich. Bei dem Süchtigen ist es umgekehrt.

Es gibt keinen Asketen, der nicht ganz genau weiß, wie sich der Süchtige fühlt und verhält – und es gibt keinen Süchtigen, der nicht ganz genau weiß, wie sich ein Asket fühlt. Sie führen einen gemeinsamen „Mangel-Tanz" mit festen Rollen auf.

Zudem ziehen sich Süchtiger und Asket gegenseitig an und bilden ein Lebens- und Erlebnis-Paar – z.B. als Patient und Therapeut, Behinderter und Helfer, Dieb und Detektiv …

- Das <u>Opfer</u> hat die Kraft verloren und lebt daher in der Angst. Es lebt das Extrembild des Opfers und trägt das Bild des Täters in sich. Bei dem Täter ist es umgekehrt.

Es gibt kein Opfer, das nicht ganz genau weiß, wie sich der Täter fühlt und verhält – und es gibt keinen Täter, der nicht ganz genau weiß, wie sich ein Opfer fühlt. Sie führen einen gemeinsamen „Angst-Tanz" mit festen Rollen auf.

Zudem ziehen sich Asket und Opfer gegenseitig an und bilden ein Lebens-

und Erlebnis-Paar – z.B. als Herr und Knecht, Chef und Angestellter, Sadist und Masochist …

- Der <u>Schüchterne</u> hat die Selbstliebe verloren und lebt daher in Selbstzweifeln. Er lebt das Extrembild des Schüchternen und trägt das Bild des Angebers in sich. Bei dem Angeber ist es umgekehrt.

Es gibt keinen Schüchternen, der nicht ganz genau weiß, wie sich der Angeber fühlt – und es gibt keinen Angeber, der nicht ganz genau weiß, wie sich ein Schüchterner fühlt. Sie führen einen gemeinsamen „Selbstzweifel-Tanz" mit festen Rollen auf.

Zudem ziehen sich Angeber und Schüchterner gegenseitig an und bilden ein Lebens- und Erlebnis-Paar – z.B. als Star und Fan, Professor und unscheinbare Ehefrau, jemand mit Größenwahnsinn und jemand mit Minderwertig-keitskomplex …

Daneben gibt es auch noch die Menschen, die durch ein Trauma zu einem wechselhaften Verhalten gelangt sind, bei dem sie mehr oder weniger oft zwischen den beiden Polen hin- und herwechseln. Sie kennen zwar die beiden Seiten, aber ihnen fehlt die innere Festigkeit – sie müssen sozusagen „anhalten" und im Hier und Jetzt ankommen.

Zur Heilung eines Traumas reicht es zwar keineswegs aus, auch einmal den Gegenpol zu leben, aber nach der vorhergehenden allmählichen Annäherung an das Trauma ist dies der nächste befreiende Schritt. Durch ihn hört man auf, den Gegenpol zu fürchten; durch ihn nimmt man Kontakt zu dem Gegenpol auf; durch ihn ermöglicht man die Vereinigung zwischen diesen beiden gegensätzlichen Bildern.

Eine sehr wichtige Wirkung, die dieser Schritt auslöst, ist es, daß man dadurch, daß man seinen Gegenpol annimmt und lebt, man diesen Gegenpol nicht mehr auf jemanden im Außen projiziert. Das bedeutet, daß der Asket keinen Süchtigen mehr im Außen braucht – und umgekehrt; daß das Opfer keinen Täter mehr im Außen braucht – und umgekehrt; und daß der Schüchterne keinen Angeber mehr im Außen braucht – und umgekehrt.

Bei den drei „zu leisen" Trauma-Typen ist das „zu laute" Verhaltensmuster durch das Trauma blockiert und externalisiert worden, also auf einen Menschen im Außen projiziert worden: Jeder Asket braucht einen Süchtigen; es gibt kein Opfer ohne Täter; und jeder Angeber ist auf Schüchterne angewiesen. Dasselbe gilt auch für die „zu lauten" Trauma-Typen, die jedoch in aller Regel nicht nach einer Heilung suchen, sondern nur nach einer Steigerung ihrer Einseitigkeit.

Wenn der Asket auch die Rolle des Süchtigen leben kann, das Opfer auch die Rolle des Täters, und der Schüchterne auch die Rolle des Angebers – dann schwindet die Polarisierung und die Projizierung des Gegenpols auf einen anderen Menschen und löst sich schließlich ganz auf. Das bedeutet dann, daß es keinen Süchtigen mehr in dem Leben des Ex-Asketen gibt, daß es keinen Täter mehr im Leben des Ex-Opfers gibt, und daß es auch keinen Angeber mehr in dem Leben des Ex-Schüchternen gibt.

Dieser Vorgang des „Schlüpfens in die Gegenpol-Rolle" kann ganz unverhofft eintreten, er kann in der Therapie angeleitet werden und er kann auch durch ein Ritual bewirkt werden. Dieses Ritual ist jedoch zu lang, um es hier darzustellen – es wird in meinem Buch „Das Beziehungs-Mandala" ausführlich dargestellt.

4. f)   das Zittern

Das Trauma besteht aus zwei entgegengesetzten Kräften, die beide ihren Ursprung in dem Überlebensdrang haben:

> - Die eine Kraft ist der Impuls zu kämpfen oder zu fliehen – er ist ausdehnend und strebt nach Handlung und bildet den Druck in der „Konservendose".

> - Die andere Kraft ist die, die direkt nach dem Trauma-auslösenden Erlebnis das Ausleben und den Ausdruck dieses Handlungs-Drucks verhindert hat, da dies eine erneute Gefahr heraufbeschwören würden – sie ist zusammenziehend und blockiert die Handlung und bildet die Hülle der „Konservendose".

Da der Ausdehnungs-Druck und die Einengungs-Blockierung nicht ständig genau gleich stark sind sondern leicht schwanken, ruft dieses Gegeneinander ein Zittern und Vibrieren hervor.

Dieses Zittern taucht auch ganz konkret auf, wenn man sich seinem Trauma ausreichend weit angenähert hat. Dann spürt man ein Vibrieren und „Flirren" in der Psyche und schließlich tritt ein Zittern des Körpers auf. Dies kann den gesamten Körper betreffen, aber auch nur den Teil des Leibes, in dem sich das Trauma befindet.

Dieses Zittern kann sich manchmal auch in ein Schreien, Weinen, Lachen oder in ein wildes Fluchen verwanden, doch das tritt meist erst dann auf, wenn die in dem Trauma gefangene Kraft allmählich wieder frei wird.

In der Bioenergetik wird dieses Zittern zum einen durch Hyperventilation (tiefes, schnelles Atmen) und zum anderen durch anstrengende Körperhaltungen, in denen einzelne Muskeln unter Spannung stehen, ausgelöst. Die Hyperventilation reichert den Körper mit Sauerstoff und Lebenskraft an, während die Muskelspannung zu einem Zittern des Muskels führt. Beides kann unter Umständen eine Resonanz zu der Spannung in dem Trauma hervorrufen, sodaß sich das Trauma-Zittern mit dem äußerlich angeregten Muskel-Zittern verbindet.

Es ist nicht ganz sicher, ob dieses äußerlich angeregte Zittern genauso heilsam ist wie ein Zittern, das aus der Psyche heraus entsteht. Das Bioenergetik-Zittern lockert jedoch zumindest die Starre des Körpers, die mit der psychischen Starre der „Hülle der Konservendose" verbunden ist.

Im Yoga, in der Meditation und in der tiefgehenden Entspannung findet man ebenfalls ein Vibrieren des ganzen Körpers, das man innerlich wahrnehmen kann und das ungefähr mit einer Frequenz von 6Hz schwingt. Dieses innere Vibrieren tritt als eines von mehreren Phänomenen auf, wenn man mit seinem Bewußtsein von außen nach innen geht, d.h. von seinem physischen Körper zu seinem Lebenskraftkörper.

Die vier wichtigsten Vorgänge, bei denen man das erlebt, sind die Tiefen-Entspannung, das Erlernen der Astralreise, das Erwecken der Kundalini und die Hypnose. Diese vier Vorgänge beginnen mit denselben Schritten, doch zweigen sie nach einigen Schritten nach verschiedenen Richtungen hin ab, da die Ziele und daher auch die genauen Methoden verschieden sind. Bei der Entspannung, der Astralreise und der Kundalini führt man diese Zustände selber herbei – bei der Hypnose werden diese Zustände von außen her suggeriert.

von außen nach innen				
	Entspannung	*Astralreise*	*Kundalini*	*Hypnose*
1. Stufe	entspannen	entspannen	entspannen	entspannen
2. Stufe	schwer	schwer	schwer	schwer
3. Stufe	warm	warm	warm	warm
4. Stufe	bewußt bleiben	bewußt bleiben	bewußt bleiben	schlafen
5. Stufe	vibrieren	vibrieren	aufsteigende Hitze	-
6. Stufe	-	zucken	-	-
7. Stufe	-	schwanken	-	-
8. Stufe	-	Astralreise	-	-

1. Schritt: Diese Methoden beginnen alle damit, daß man sich bequem hinsetzt oder hinlegt – schließlich will man seine Aufmerksamkeit vom Außen zum Innen wenden und kann daher nicht auf den eigenen Körper achten: Man entspannt sich. Bei der Hypnose sagt der Hypnotiseur an dieser Stelle: „Du bist ganz entspannt."

2. Schritt: Der Körper beginnt ruhig zu werden und sich zu entspannen und die Aufmerksamkeit richtet sich nach innen: Der Körper fühlt sich angenehm schwer an. Bei der Hypnose sagt der Hypnotiseur nun: „Dein Körper ist angenehm schwer."

3. Schritt: Als nächstes beginnt man die Körperwärme wahrzunehmen, die normalerweise weitgehend unbewußt bleibt: Man fühlt sich wohlig warm an. Bei der Hypnose sagt der Hypnotiseur hier: „Dein Körper ist wohlig warm."

4. Schritt: Während man bei der Entspannung, der Astralreise-Übung und der Kundalini-Meditation bewußt bleibt, schaltet der Hypnotiseur das Wachbewußtsein

des Hypnotisierten an dieser Stelle aus: „Du schläfst tief und fest." Der Gesprächs-Kontakt zwischen Hypnotiseur und Hypnotisiertem bleibt dabei erhalten.

5. Schritt: Durch die verschiedenen Konzentrationen und Imaginationen entsteht bei der Entspannung und bei der Astralreise-Übung das Erlebnis des (sehr angenehmen) Vibrierens des Körpers, während bei der Kundalini-Übung eine Steigerung der Wärme entsteht, die von der wohligen Wärme zu einem Hitze-Prickeln, dann zu einer Wärme-Hülle und schließlich zu einer intensiven, Schlauch-förmig oder Schlangen-förmig aufsteigenden Hitze in der Körpermitte führt.

6. Schritt: Bei der Astralreise-Übung tritt nun die Wahrnehmung auf, daß z.B. der rechte Arm nach unten hin zuckt und dann wieder emporschnellt – was physisch unmöglich ist, da man z.B. auf einem Bett liegt. Man spürt also die Bewegungen des Lebenskraftkörpers und nicht die Bewegungen des physischen Körpers.

7. Schritt: Als nächstes beginnt der Körper so zu schwanken, als ob man in einem Boot bei starken Seegang liegen würde. Dies entsteht dadurch, daß sich nun der gesamte Lebenskraftkörper und nicht nur der Arm oder das Bein bewegt.

8. Schritt: Schließlich löst sich der Lebenskraftkörper ganz von dem physischen Körper und die Astralreise beginnt.

Hier finden sich gleich mehrere Phänomene, die auch bei der Trauma-Bildung auftreten:

> - Die Entspannung entspricht der Reglosigkeit des Körpers, in die man bei der Trauma-Bildung meistens fällt.
> - Das künstliche Einschlafen bei der Hypnose entspricht der Ohnmacht bei der Trauma-Bildung. (Dies entspricht auch der Betäubung bei einer Operation, bei der man sich ja auch selber als über dem eigenen Leib schwebend erleben kann – vor allem bei Betäubungen mithilfe von Chloroform.)
> - Die Astralreise bei der Trauma-Bildung ist eine unfreiwillige Variante der bewußt herbeigeführten Astralreise.
> - Das Vibrieren im Körper scheint die Grundschwingung des Lebenskraft-körpers (Astralkörpers) zu sein.

Zunächst einmal hilft dieser Vergleich, die Phänomene bei der Trauma-Entstehung in einen größeren Zusammenhang zu stellen.

Weiterhin wäre es denkbar, daß man mithilfe der Frequenzmedizin ähnlich wie durch die Bioenergetik das Vibrieren im Körper anregen kann und dadurch auch das Trauma-Vibrieren auslösen kann. Doch dieser Ansatz ist meines Wissens noch nicht gründlich erforscht worden und er scheint auch die Anwesenheit eines Therapeuten zu erfordern, der mit einem plötzlich aufbrechenden Trauma umgehen kann.

Wenn man sich nicht eigenständig in kleinen Schritten einem Trauma annähert, sondern das Trauma von außen her dem Traumatisierten bewußt gemacht wird, könnte es zu heiklen Situationen kommen, in denen der durch das Trauma geschädig-te Mensch große Schwierigkeiten hat, das nun voll bewußt gewordene Trauma-

Erlebnis aufzunehmen, zu verdauen und zu integrieren.

4. g) das neue Selbstbild

Wenn die Trauma-Heilung bis zu diesem Punkt vorangeschritten ist, wird auch ein neues Selbstbild entstehen, das immer mehr von Fülle statt Mangel, von Kraft statt Angst und von Selbstliebe statt Selbstzweifeln geprägt ist.

Dieses neue Selbstbild gibt sowohl Rückhalt als auch Orientierung. Zunächst einmal ist es das Selbstbild vor der Entstehung des Traumas, aber es enthält natürlich auch die Fertigkeiten, die man seit der Entstehung des Traumas erworben hat, wozu auch das größere Verständnis für sich selber und für die Psyche allgemein zählt, das sich im Laufe der Trauma-Heilung recht sicher gebildet haben wird.

Es ist also anzunehmen, daß jemand nach seiner abgeschlossenen Trauma-Heilung sicherer in sich selber ruht als vorher.

Es ist von Vorteil, wenn dieses Selbstbild in irgendeiner Weise konkret gemacht wird – durch ein gemaltes Bild, durch ein Lied, eine Geschichte oder noch etwas anderes. Eine recht einfache Form ist das Schreiben einer „Hymne an sich selber".

Für solch eine „Hymne an sich selber" sammelt man zunächst einmal die Aussagen über sich selber, bei denen man sich ganz sicher ist, das sie wahr sind, und formuliert sie dann als „Ich bin …"-Sätze oder als „Ich tue …"-Sätze. Das kann ruhig ganz schlicht anfangen und erst einmal grundlegende Dinge beschreiben:

> Ich bin ein Mann.
> Ich bin sensibel.
> Ich bin ein Wanderer.
> Ich bin Sternzeichen Widder.
> …

Als nächstes sucht man dann nach mehr Details und nach spezielleren Eigenschaften, Vorlieben und dergleichen:

> Ich bin ein Hitzkopf.
> Ich bin ein Karateka.
> Ich spiele Schlagzeug.
> Ich bin ein guter Liebhaber.
> …

Schließlich kommt man dann auch zu Dingen, die zwar wahr, aber nicht unbedingt wichtig sind, oder die vielleicht auch aus dem spirituellen Bereich stammen.

Meine Lieblingsfarbe ist blau.
Mein Krafttier ist ein Orca.
Mein Kraftstein ist der Feueropal.
Ich kann meine Kundalini wecken.
…

Wenn man solch eine „Hymne an sich selber" während oder nach einer Trauma-Heilung verfaßt, sollte sie auch die Erlebnisse, die man im Zusammenhang mit dem Trauma gemacht hat wie die Astralreise, das Entspannungs-Vibrieren oder die Auflösung des Mangelgefühls mit in diese Hymne aufnehmen. Dies könnte evtl. wie folgt lauten:

Ich habe die Astralreise erlebt.
Ich habe den Mangel wieder in Fülle verwandelt.
Ich war ein Asket, nun genieße ich das Leben.
Ich habe seit der Astralreise keine Angst mehr vor dem Tod.
…

Schließlich sortiert man all diese Sätze zu Gruppen („Strophen") zusammen und ordnet dann diese Gruppen in einer sinnvollen Reihenfolge an. Diese „Hymne an sich selber" kann man jederzeit ergänzen oder auch umformulieren, wenn man eine bessere Umschreibung für eine dieser Aussagen gefunden hat.

Diese „Hymne an sich selber" sollte man dann anschließend laut vorlesen – am besten aufrecht im Stehen und mit kräftiger Stimme. Die Wirkung wird noch einmal deutlich größer, wenn man sie in Gegenwart eines Zeugen – zunächst der beste Freund oder die beste Freundin – vorträgt.

Durch diese „Hymne an sich selber" erschafft man sich einen Halt und eine Orientierung, die einem kaum wieder genommen werden kann. Es entsteht ein Kern des Selbstbildes, dessen man sich gewiß sein kann und auf den man sich immer wieder neu ausrichten kann.

Man kann „diese Hymne an sich selber" auch in Krisenzeiten verwenden und sie laut vortragen, um wieder Halt in sich selber zu finden. Möglicherweise reicht es in der Krisensituation auch, die drei wichtigsten Zeilen dieser Hymne mehrmals innerlich zu wiederholen, um wieder Halt zu finden.

4. h) das Leben ändern

Diese Entwicklung führt schließlich auch dazu, daß man die innere Verwandlung auch im Außen erdet. Oft geschieht es beinahe unbewußt und unbemerkt, daß man die eigenen Lebensumstände verändert und sich anders als zuvor verhält. Möglicherweise kann auch das bewußte Üben – also die Verhaltenstherapie – dabei helfen, die innere

Verwandlung auch im Außen zu verankern.

In manchen Fällen gehört zu dieser Erdung der inneren Verwandlung auch ein größerer äußerer Wandel wie eine Trennung, ein Berufswechsel, ein Umzug oder dergleichen. Vielleicht läßt man sich auch nicht mehr von anderen benutzen oder man kann auf einmal klar und deutlich „Nein" sagen.

Da ein Trauma das eigene Verhalten und folglich auch das eigene Leben und die eigenen Lebensumstände prägt, kann man davon ausgehen, daß man nach der Auflösung eines Traumas auch neue Verhaltensweisen entwickelt, die wiederum zu neuen Lebensumständen führen.

Viele dieser Impulse, das eigene Leben zu ändern, tauchen spontan auf – einfach, weil man das Trauma gelöst hat und die Energien jetzt wieder freier fließen können. Es wird jedoch trotzdem nicht schaden, sich auch bewußt anzuschauen, an welchen Stellen man das eigene Leben ändern will, weil die alten Formen, die noch durch das Trauma geprägt worden sind, nun nicht mehr zu dem neuen, geheilten Zustand passen.

Dieser Teil der Trauma-Heilung ist schon deshalb notwendig, weil sich durch ein jahrelanges oder sogar jahrzehntelanges Trauma auch Handlungs-Gewohnheiten bilden, die anschließend an die Heilung aufgelöst werden müssen. Dies liegt daran, daß der Traumatisierte oft keine anderen Handlungsweisen als sein Trauma-Verhalten kennt: Wie geht Nähe? Wie geht streiten? Wie geht Selbstliebe?

Das muß man nach einer Trauma-Heilung oft erst einmal herausfinden und üben …

4. i)   die Schamanen-Methode

Die Schamanen-Methode einer Trauma-Heilung besteht darin, den Betreffenden die Trauma-auslösende Situation noch einmal erleben zu lassen. Dazu kann man an den Ort zurückkehren, an dem sich diese Situation ereignet hat, aber die Situation kann auch einfach nur innerlich noch einmal durchgespielt werden. Es gibt auch die Möglichkeit, diese Situation mit möglichst vielen der damals beteiligten Menschen noch einmal wie ein Schauspiel oder Ritual aufzuführen – mit dem Trauma-Geschädigten in derselben Rolle wie damals. Bei dieser Methode ist es wichtig, daß die Situation nicht einfach wiederholt wird, sondern daß sie auch eine Lösung hat.

Wenn das Trauma z.B. durch einen Jagdunfall ausgelöst worden ist, unterstützen die anderen Jäger der Sippe den traumatisierten Jäger in diesem Schauspiel und helfen ihm, z.B. den Bären zu töten. Dieser Bär wird dabei durch ein Bärenfell o.ä. dargestellt.

Wenn das Trauma hingegen eine Vergewaltigung gewesen ist, stellt der oder die Traumatisierte ihre Gegenwehr gegen den Vergewaltiger dar.

Bei dieser Methode leitet der Schamane das Ritual. Er achtet darauf, daß der Traumatisierte diesmal genügend Rückhalt hat, daß er zu Beginn des Rituals in

Kontakt mit seinem Trauma kommt, und daß er diesmal die traumatische Situation erfolgreich bewältigt. Das bedeutet, daß der Schamane einiges an Geschick, Erfahrung und Einfühlungsvermögen haben muß, um den Traumatisierten zum einen erfolgreich wieder in sein Trauma hineinzuführen, also in den damaligen extremen Streß-Zustand, der sich noch immer in der „Konservendose" befindet, und ihn zum anderen auch als „Sieger" aus diesem Zustand wieder herauszuführen.

Durch diese Methode wird auf recht radikale Weise das Bild der erfolgreichen Bewältigung der damaligen Situation erschaffen, wodurch das Trauma aufgelöst und der Betreffende geheilt wird.

4. j)   zwei verschiedene Wege

Es gibt zwei grundlegend verschiedene Möglichkeiten, mit einem Trauma umzugehen:

- Bei der aufdeckenden Methode wird der bewußte Kontakt zu dem Trauma wiederhergestellt. Dadurch wird es möglich, den Druck aus der „Konservendose" in kontrollierter Weise herauszulassen und aufzulösen, sodaß anschließend das Trauma geheilt wird. Diese Methode wird gewählt, wenn die Psyche stabil genug ist, um diesen Prozeß auszuhalten. Die Wahl der Methode hängt vor allem von der Einschätzung des Therapeuten bzw. Schamanen ab.

- Bei der abdeckenden Methode wird daran gearbeitet, die Wirkung des Traumas auf die übrige Psyche einzugrenzen. Diese Methode besteht vor allem aus Verhaltenstherapie und einer bewußten Kontrolle der inneren Bilder. Diese Methode wird gewählt, wenn die Psyche als zu labil für die aufdeckende Methode eingeschätzt wird.

Die aufdeckende Methode ist natürlich gründlicher, die abdeckende Methode hingegen zunächst einmal sicherer. Daher kann man nicht sagen, welches Vorgehen – also Traumaauflösung oder Schadensbegrenzung – generell die bessere Vorgehensweise ist, sondern muß in jedem einzelnen Fall entscheiden, was empfehlenswerter ist.

Möglicherweise beginnt man auch mit der abdeckenden Methode bis die Psyche wieder stabiler ist und wechselt dann zu der aufdeckenden Methode. Während der Phase, in der zunächst die abdeckende Methode angewandt wird, wird der Schwerpunkt der Therapie wahrscheinlich auf dem Erwerben von möglichst viel Rückhalt liegen, damit die Psyche stabil genug wird, um die allmähliche Begegnung mit dem Trauma aushalten zu können.

Die radikalste aufdeckende Methode ist das Erwecken der Kundalini. Da sie die im Körper frei fließende Lebenskraft ist, führt ihr Erwecken auch dazu, daß sie bei ihrem Aufsteigen im Körper in den betroffenen Chakren gegen die Lebenskraft-Blockaden stößt, d.h. daß sie das Trauma in einer solchen Blockade bewußt macht. Diese Bewußtwerdung geschieht bei der Kundalini-Erweckung unkontrolliert und in vielen Fällen auch ohne eine gute Vorbereitung wie das Schaffen von Rückhalt und auch ohne die vielen klassischen Vorübungen zum eigentlichen Kundalini-Yoga.

Bei der Kundalini-Erweckung besteht also die Gefahr eines unkontrollierten Weckens des Traumas, wodurch der Meditierende erneut in das Trauma fällt. Es sind also zum einen ein erfahrener Begleiter sinnvoll und zum anderen ein langsames Vorgehen, durch das durch das Aufsteigen der Kundalini das Trauma allmählich bewußt wird, wobei man sich dann jedes Mal die Zeit nimmt, den bewußt gewordenen Teil des Traumas zu verarbeiten. Dies entspricht dem langsamen, schrittweisen Kennenlernen des Traumas, das am Anfang des Buches beschrieben worden ist.

Das Kundalini-Yoga löst das Trauma auf der Ebene der Lebenskraft; die Schamanen-Methode löst das Trauma auf der Erlebnis-Ebene; und die psychologische Methode löst das Trauma auf der emotionalen Ebene. Es ist offensichtlich, daß sich diese drei Ansätze – plus das Verstehen des gesamten Vorgangs – durchaus sinnvoll kombinieren lassen, wenn man genügend Erfahrungen mit allen drei Methoden hat.

<u>**5. nach der Trauma-Auflösung**</u>

5. a) Lebenskraftkörper

Im Idealfall wird das Trauma vollständig gelöst. Wenn dies gelingt, beeinträchtigt das Trauma-auslösende Erlebnis dann nicht mehr das Verhalten, d.h. der Betroffene ist endlich wieder frei in seinem Wollen, Fühlen, Denken, Entscheiden und Handeln.

Von der Lebenskraft her gesehen sind die Blockaden aufgelöst und die Kundalini, die sozusagen Lebenskraft in der „Hauptschlagader der Lebenskraft" im Körper ist, kann wieder frei fließen. Dadurch können auch die Chakren wieder normal arbeiten und sind weder in einem Lebenskraft-Stau noch in einem Lebenskraft-Mangel.

5. b) Rückstände

Auch wenn das Trauma geheilt worden ist, bleibt die Entstehung eines Traumas und seine Heilung eine Tatsache, die sich nicht aus dem Lebenslauf des Betreffenden löschen läßt. Doch es macht einen sehr großen Unterschied, ob die Erinnerung an das traumatische Erlebnis vor der Heilung mit heftigen Gefühlen aufgeladen ist oder ob sie nach der Heilung nur noch ein Bild ist, mit dem kaum noch Gefühle verbunden sind.

Man kann also ein Trauma nicht „weg machen", so wie es oft von den Ratsuchenden verlangt wird, aber man kann sozusagen die Bombe entschärfen und den Sprengstoff entfernen. Der Betreffende kann dann ganz entspannt über sein ehemaliges Trauma sprechen ohne dabei sein Verhalten zu verändern oder in heftige alte Gefühle zu geraten.

Es gibt auch noch eine zweite, tiefere Schicht des Trauma-Themas, die bestehen bleibt: das Horoskop. Das Quadrat in dem Horoskop des Betreffenden, das die Möglichkeit einer Trauma-Bildung beschreibt, wird ja durch die Trauma-Heilung nicht entfernt.

Allerdings wird der Betreffende durch die Trauma-Heilung erlebt haben, auf welche verschiedenen Weisen man ein Quadrat leben kann – auch wenn bei der Heilung kein einziges Wort über Astrologie, Horoskope und Quadrate gesagt worden ist.

Ein Quadrat ist – wie am Anfang des Buches bereits gesagt – wie eine Zeltstange. Sie trennt die obere und die untere Plane des Zeltes voneinander und schafft dadurch Raum und Schutz und Freiheit. Wenn diese trennende Qualität konstruktiv genutzt wird, kann sie Häuser errichten, Brücken bauen und Klarheit schaffen.

Das Quadrat ermöglicht – und fordert zugleich – eindeutig Stellung zu beziehen: Ja oder Nein? Das schafft Eindeutigkeit und auch einen markanten Charakter, da jemand, der dies kann, klare Konturen hat und bestimmte Dinge tut und sich bei anderen weigert, sie zu tun. Im Idealfall wird der Betreffende vollkommen selbsttreu und furchtlos – ein Krieger.

Bei der Entstehung eines Traumas wird auf diesen eigenen Raum, diesen eigenen Schutz und diese eigene Freiheit Druck ausgeübt. An dieser Stelle gibt es drei Möglichkeiten:

1. Man hält dem Druck stand und bleibt sich in der eigenen Ausrichtung und im eigenen Handeln treu. Dabei ist die Ausrichtung das Entscheidende.

Es gab Menschen, die im Konzentrationslager gewesen sind und die gegenüber allen anderen einschließlich der Wächter immer freundlich und hilfsbereit gewesen sind und die sich einfach geweigert haben, in den Panik-Modus, in Apathie oder das Ignorieren der Realität zu verfallen. Sie sind einfach so geblieben, wie sie sein wollten. Es gibt keine Situation, die zwangsläufig bei jedem ein Trauma auslösen muß – auch wenn die Situation extrem bedrohlich ist. In diesem Fall ist die „Zeltstange" stabil geblieben.

2. Man hält dem Druck nicht stand und bricht zusammen, d.h. man erleidet ein Trauma, das zu einem „zu leisen" Verhalten führt.

In diesem Fall ist die „Zeltstange", als die man ein astrologisches Quadrat auffassen kann, zerbrochen. Der Betreffende wird unfähig, sich selber zu schützen – er wird zum Asketen, zum Opfer oder zum Schüchternen

3. Man hält dem Druck zwar nicht stand, aber geht anschließend zum Gegenangriff über und greift jeden, der in irgendeiner Weise als eine Bedrohung erscheint, mit heftiger Aggression an, die bis zum Vernichtungswillen reichen kann. Dies ist dann ein Trauma, das zu einem „zu lauten" Verhalten geführt hat.

In diesem Fall ist die „Zeltstange" zu einer Waffe geworden, zu einer Keule, einem Speer oder einem Schwert, mit dem man andere angreift und mit dem man seinen eigenen Freiraum, in dem nur man selber bestimmt, immer weiter vergrößert.

Wenn erst gar kein Trauma entsteht (Fall 1.) oder das entstandene „zu leise" Trauma geheilt wird (Fall 2.), kann der Betreffende wieder normal handeln und wird nicht mehr durch sein Trauma beeinflußt. Er wird jedoch die Qualität des Quadrates nun besser verstanden haben – egal, ob er sein Horoskop kennt oder nicht.

Er wird nun wissen, wie man aufrecht und selbsttreu bleibt. Er wird nun wissen, wie sich ein aufrechtes Rückgrat anfühlt und welche Wirkung eine gelassene Aufrichtigkeit hat. Er wird nun wissen, daß ihn andere zwar äußerlich einengen können, daß ihn jedoch niemand innerlich zu einer anderen Haltung und zu einem Aufgeben der Selbsttreue zwingen kann.

Zudem wird er auch einiges über physischen und psychischen Druck sowie über den Umgang mit Macht gelernt haben.

In dem 3. Fall, also bei dem Trauma, das zu einem „zu lauten" Verhalten führt, ist eine Heilung unwahrscheinlich, da sich Süchtige, Täter und Angeber nur sehr selten freiwillig in eine Therapie begeben oder nach einer anderen Form der Trauma-Heilung suchen. Menschen mit einem „zu lauten" Trauma werden fast immer versuchen, sich durch noch mehr Gier (Süchtiger), durch noch mehr Macht (Täter) oder durch noch mehr Ruhmsucht (Angeber) durchzusetzen und zu bekommen, was sie haben wollen.

Alle drei Möglichkeiten – kein Trauma, „zu leises" Trauma und „zu lautes" Trauma – behalten die Erinnerung an das heftige Ereignis.

In dem ersten Fall entsteht kein Trauma und bei dem zweiten entsteht ein „zu leises" Trauma, das jedoch geheilt werden kann, wodurch das Emotions-aufgeladene Trauma zu einer entspannten Erinnerung wird.

In dem dritten Fall bleibt das Trauma jedoch in fast allen Fällen aktiv, da sich Menschen mit einem „zu lauten" Trauma fast nie Hilfe zur Heilung ihres Traumas suchen. Das ist höchstens der Fall, wenn sie z.B. in einen Burnout oder in eine Depression geraten, weil sie durch ihr kräftezehrendes Handeln, das durch ihr Trauma bedingt ist („Ich muß immer siegen!") völlig ausgelaugt sind.

Diese „zu lauten" Menschen können in sozialen Zusammenhängen ausgesprochen schwierig sein – und sie können in führenden wirtschaftlichen und politischen Positionen Katastrophen verursachen wie z.B. Ausbeutung, die Zerstörung der Umwelt oder das Beginnen eines Krieges.

<u>5. c) Re-Aktivierung</u>

Ein Trauma kann auch nach seiner Heilung wieder aktiviert werden – schließlich hat der Betreffende noch immer dasselbe Quadrat in seinem Horoskop. Diese Re-Aktivierung des Traumas kann durch ein ähnliches Ereignis oder eine Folge von ähnlichen Ereignissen wie bei der ersten Trauma-Auslösung geschehen. Wenn die Heilung noch recht labil sein sollte, kann das auch durch die Resonanz zu relativ harmlosen Ereignissen geschehen, die jedoch Ähnlichkeit mit der einstigen Trauma-auslösenden Situation haben.

Allerdings muß nicht jedes ähnliche heftige Erlebnis wieder ein Trauma auslösen. Wenn der Betreffende durch seine Trauma-Heilung eine größere innere Klarheit, Selbstkenntnis, Aufrichtigkeit und Standfestigkeit erlangt hat, kann er ähnlichen Ereignissen standhalten, ohne wieder in ein Trauma zu geraten. Er ist also durch sein Trauma und durch die Heilung seines Traumas gewachsen und kann nun mit Situationen umgehen, die ihn früher völlig überfordert hätten.

5. d) Verhalten

Nach der Trauma-Heilung werden viele Menschen neue Verhaltensweisen entdecken und erlernen. Entweder tauchen diese neuen Verhaltensweisen nach der Trauma-Heilung spontan auf oder sie werden gezielt entworfen, ausprobiert und geübt.

Wahrscheinlich kommt es anfangs noch hin und wieder vor, daß der Betreffende sein Gegenpol-Verhalten übt – also der Asket das Fordern von etwas (Verhalten des Süchtigen), das Opfer das sich-Durchsetzen (das Verhalten des Täters) und der Schüchterne das sich-Zeigen (das Verhalten des Angebers).

Doch das wird recht wahrscheinlich schon bald wieder aufhören und der Betreffende wird stattdessen zu einem elastischen, geschmeidigen, eleganten Verhalten finden, durch das er in seiner Mitte bleibt. Er wird nicht mehr durch eine „zu leise" Haltung zerfließen, aber auch nicht durch eine „zu laute" Haltung hart werden. Im Idealfall erlangt sein Verhalten die Eleganz und Effektivität einer springenden Katze.

5. e) Schutz

Wenn man weiß, wo der eigene Schwachpunkt ist, d.h. in welchen Lebensbereichen man durch Streß zu der Bildung eines Traumas neigt, kann man verschiedene Dinge unternehmen, um sich gegen eine erneute Trauma-Bildung zu wappnen:

- Grundsätzlich ist es hilfreich, die <u>Dynamik einer Trauma-Bildung</u> zu verstehen, damit man weiß, womit man es zu tun hat, und was wie wirkt. Ohne dieses Verständnis ist es schwierig, sich gegen die Entstehung eines Traumas zu wehren.

- Die <u>Kenntnis des eigenen Horoskops</u> kann dabei helfen, den Bereich, in dem ein Trauma entstanden ist, besser zu verstehen. Die zwölf astrologischen Häuser, in denen die beiden Planeten stehen, die durch ein Quadrat (Winkel von ca. 90°) verbunden sind, haben jeweils eine ganze Palette von Bedeutungen, die alle miteinander verbunden sind und die daher alle von einem Trauma betroffen sein können.

Bei dem 2. Haus sind dies z.B. der Körper, die Gesundheit, die Ernährung, die Körperpflege, die Kleidung, die Wohnungseinrichtung, die Innenarchitektur, das Haus, materieller Besitz und das Bankkonto. Die Wahrscheinlichkeit ist sehr groß, daß alle diese Themen gemeinsam von einem Trauma betroffen sind, wenn hier ein Trauma entstehen sollte.

- Generell ist jede Form von <u>Bewußtheit</u> förderlich, da Bewußtheit bedeutet, daß man eine breite Wahrnehmung hat, d.h. daß man eine Vielzahl von Dingen und ihre Wichtigkeiten und die Zusammenhänge zwischen ihnen erkennen kann.

Bei einem Trauma wird der Blickwinkel hingegen sehr stark eingeengt: man sieht fast nur noch den Mangel, die Angst oder die Selbstzweifel. Dieser enge Blick, diese selektive Wahrnehmung und diese Einseitigkeit führen zu einem stark getrübten Urteilsvermögen.

Folglich ist das Achten auf eine möglichst klare und umfassende Wahrnehmung ein guter Schutz gegen die Auswirkungen eines Traumas. Allerdings ist dieser „Blick auf das Ganze" bei einem aktivierten Trauma nur sehr schwer zu halten, da ein Trauma die Aufmerksamkeit vollständig auf das eine Thema des Mangels, der Angst und des Selbstzweifels einengen will.

Die Einsgerichtetheit ist eines der Fundamente der Effektivität, wenn sie bewußt eingesetzt wird. Wenn sie jedoch durch ein Trauma entsteht, bewirkt sie eher eine Blindheit und Ineffektivität.

Man kann sich die Trauma-Einsgerichtetheit wie folgt vorstellen:

> Man geht des Nachts einen Waldweg entlang und auf einmal kommt ein großer schwarzer Hund auf einen zugerannt. In diesem Augenblick ist man ganz bei der Situation und setzt alle Fähigkeiten dazu ein, dieser Gefahr zu entkommen.

> Diese Einsgerichtetheit ist in dieser Situation ausgesprochen sinnvoll – es bringt nichts, in solch einer Lage nebenher noch über das Geschenk für die eigene Großtante nachzudenken, die in drei Tagen Geburtstag hat.

> Wenn diese Einsgerichtetheit jedoch durch die Aktivierung eines alten Traumas entsteht, kann man sich recht sicher sein, daß daraus Verhaltensweisen entstehen, die der aktuellen Situation in keiner Weise angemessen sind.

> Wozu könnte es bei einer Vorstandssitzung gut sein, in Panik zum Ausgang des Saales zu rennen, wenn jemand das Bellen eines Hundes nachgeahmt hat?

- Das „<u>wach bleiben</u>" ist mehr oder weniger dasselbe wie der vorige Punkt. Es ist notwendig, das Ich intakt und präsent zu halten. Dieses Ich ist die Verarbeitungs- und Entscheidungs-Instanz in der Psyche.

Dieses Ich zeigt sich in dem winzigen Augenblick zwischen einer Wahrnehmung und einer Handlung. I diesem kurzen Augenblick wird man sich der Situation bewußt und trifft eine Entscheidung.

Wenn dieser Augenblick des Innehaltens zwischen Reiz und Reaktion fehlt, wird man auf ein reflexhaftes Handeln reduziert. Dann fehlt das, was ein eigenständiges Handeln und Leben ausmacht.

- Auch der folgende Punkt ist den vorigen beiden Punkten recht ähnlich. Er besteht darin, <u>dem Sog des Traumas zu widerstehen</u>. Ein Trauma drängt zur vollständigen Ausrichtung auf den Mangel, die Angst oder die Selbstzweifel. Das „dem Sog widerstehen" bedeutet, daß man sich innerlich weigert, in diese Trauma-bedingte Einsgerichtetheit gezogen zu werden.

Das ist nicht einfach, aber es ist möglich. Allerdings ist dies nur eine Erste Hilfe, die verhindert, daß man etwas tut, was man dann später bereut. Doch diese Maßnahme kann helfen, sich die Zeit zu verschaffen, die man braucht, um sich gründlicher um das Trauma zu kümmern.

Diese Erste Hilfe vermeidet, daß man sofort in eine Trauma-gesteuerte Handlung abrutscht, die der Situation nicht angemessen ist. Dadurch kann man sich zusätzlichen Schaden durch seine reflexhaften Handlungen ersparen – das Erleben der Trauma-Gefühle an sich ist schon schlimm genug …

- Auch dieser Punkt geht wieder in dieselbe Richtung: <u>die Mitte wahren</u>.

Zum einen kann man es sich zur Gewohnheit machen, nie spontan eine extreme Aussage zu machen oder eine extreme Handlung durchzuführen. Dies ist wichtig, da Trauma-gesteuerte Aussagen und Handlungen fast immer sehr extrem sind und zu unerwünschten Folgen führen.

Zum anderen kann man sich Zeit dafür nehmen, sich selber möglichst gut kennenzulernen und z.B. die in einem früheren Kapitel beschriebene „Hymne an sich selber" anzufertigen und sie ab und zu im Beisein eines Freundes oder einer Freundin laut vorzutragen.

Auch eine nur drei Zeilen lange Kurzfassung dieser „Hymne an sich selber" kann helfen, wenn man in eine Situation gerät, die eine Resonanz zu einem noch bestehenden oder zu einem schon geheilten Trauma hat. Das innerliche oder auch äußerliche Aussprechen dieser drei Zeilen, die die Essenz der „Hymne an sich selber" enthält, kann helfen, das Ich zu stabilisieren und Handlungsfähigkeit zu erhalten, wenn die Gefahr besteht, daß es von den Trauma-Gefühlen überschwemmt werden könnte.

Wenn man durch diese Erste Hilfe wieder ein wenig stabiler geworden ist, kann man sich fragen, was man über die Trauma-aktivierende Situation wirklich weiß und was man nur befürchtet:

- Was weiß ich wirklich?
- Was hat der andere genau gesagt?
- Wie könnte ich die Worte noch deuten?
- Warum könnte der andere sonst noch so gehandelt haben?
- Bezog sich das, was der andere gesagt oder getan hat, eigentlich überhaupt auf mich?

Es ist auf jeden Fall förderlich, erst einmal innezuhalten, durchzuatmen, sich hinzusetzen und zu schauen, was eigentlich genau geschehen ist.

Eine Situation, die sofortiges Handeln erfordert, ist so gut wie immer offensichtlich: ein Unfall, ein Verletzter, ein Hausbrand, ein Überfall und dergleichen mehr.

Eine Situation, die nur durch die Aktivierung eines Traumas den subjektiven Anschein der Notwendigkeit des sofortigen Handelns erfordert, ist jedoch bei näherem Hinsehen keineswegs so dringlich. Die Empfindung der Dringlichkeit entsteht nur durch die Aktivierung der Gefühle in dem Trauma. Wenn man es schafft, sich hinzusetzen statt loszurennen, hat man schon sehr viel gewonnen: Man wird dann nicht mehr von den Trauma-Gefühlen überschwemmt, sondern kann sich bewußt anschauen, welche Handlung jetzt tatsächlich einen Nutzen hat.

Es ist allerdings oft recht schwer, sich diesem intensiven Gefühl der Dringlichkeit zu widersetzen und einen kühlen Kopf zu behalten. Meist hat man das Gefühl, den anderen sofort anrufen zu müssen, sich sofort Hilfe holen zu müssen, sich sofort betrinken zu müssen, sofort das eigene Mobiliar zerschlagen zu müssen usw.

Wenn es einem jedoch gelingt, diesen Impulsen standzuhalten und sie lediglich zu fühlen statt sie das eigene Handeln lenken zu lassen, stärkt man sein Ich und schafft dadurch eine gute Grundlage, das reaktivierte Trauma wieder beruhigen bzw. noch einmal heilen zu können.

- Eine sehr schlichte Erste Hilfe ist das <u>Erden</u>. Dafür legt man sich mit dem Rücken auf den Boden, wobei eine Wiese oder der Waldboden eine deutlich größere Wirkung hat als das Bett oder der Fußboden des Zimmers.

Wenn man es bis zur nächsten Wiese schafft und sich dort hinlegt, hat man schon so gut wie gewonnen, denn dadurch wird sich das Trauma innerhalb kürzester Zeit wieder beruhigen.

- Eine weitere wirkungsvolle Erste Hilfe ist die <u>Imagination der Sushumna</u>. Dieser Begriff aus dem Yoga bezeichnet die „Hauptschlagader" der Lebenskraft, die von der Stelle zwischen Genitalien und After bis zum Scheitel hinauf verläuft. Diese Lebenskraft-Aorta, in der auch die erwachte Kundalini aufsteigt, kann man sich als einen weißen Lichtstab vorstellen. Wenn man diese Sushumna noch präziser imaginieren will, stellt man sie sich als einen Lichtstab vor, der von seinem unteren Ende (Wurzelchakra) bis zu der Mitte der Brust (Herzchakra) rot und von dort aus bis zu seinem oberen Ende (Scheitelchakra) weiß ist.

Damit diese Imagination, also diese innere Vorstellung wirksam ist, ist es hilfreich, diese Imagination zu üben. Allerdings hat sie auch schon ohne Übung bereits eine Wirkung und manche Menschen scheinen diese

Imagination nicht üben zu brauchen, da sie bei ihnen auch schon beim ersten Versuch sofort ihre ganze Wirkung entfaltet.

- Wenn man sein Trauma ausreichend gut verstanden hat und daher auch sagen kann, in welchen Chakren ein Lebenskraft-Stau und in welchen ein Lebenskraft-Mangel vorliegt, kann man imaginieren, daß man einen Teil der <u>Lebenskraft</u> von dem Chakra mit dem Lebenskraft-Stau zu dem Chakra mit dem Lebenskraft-Mangel leitet.

Dies ist auch eine vorbeugende Maßnahme, wenn man weiß, daß man ein Trauma hat und daß in nächster Zeit Streß zu erwarten ist. Man kann diese Imagination auch für einen anderen durchführen und diesen Lebenskraftfluß in dem anderen imaginieren.

Die sechs möglichen helfenden Lebenskraft-Flüsse sind:

- Süchtiger:	Wurzelchakra	→ Scheitelchakra
- Asket:	Scheitelchakra	→ Wurzelchakra
- Täter:	Hara	→ Drittes Auge
- Opfer:	Drittes Auge	→ Hara
- Angeber:	Sonnengeflecht	→ Halschakra
- Schüchterner:	Halschakra	→ Sonnengeflecht

Diese Methode heilt nicht das Trauma, aber sie verringert kurzfristig und manchmal auch mittelfristig den Druck des Traumas.

- Die folgende Methode gehört zu den spirituellen Heilweisen. Sie besteht darin, einen <u>Kontakt zu dem eigenen Krafttier, der eigenen Seele, der eigenen Schutzgottheit und zu dem Einen Gott herzustellen</u>.

Dies geschieht in den meisten Fällen durch eine Traumreise oder eine Meditation, evtl. auch durch ein Gebet. Diese Kontakte sind am einfachsten und am leichtesten mithilfe von jemandem erreichbar, der diese Kontakte bereits erlangt hat und sich in ihnen zuhause fühlt.

Diese Kontakte erhöhen sehr deutlich die eigene Standfestigkeit und den inneren (spirituellen) Halt sowie auch den äußeren Rückhalt. Dies ist das, was das Wort „Religion" bedeutet: „Rück-Verbindung, Rückhalt".

- Die Teilnahme an einer <u>Schwitzhütte</u> kann zu einer gründlichen Heilung führen, da man in ihr die Geborgenheit und das Urvertrauen wiederfinden kann. Der Mangel an diesen beiden Qualitäten ist die Wurzel fast jedes Traumas.

Die Schwitzhütte ist natürlich kein Allheilmittel, aber sie wird auch so gut wie nie wirkungslos sein. Es ist durchaus auch schon vorgekommen, daß durch die Teilnahme an einer Schwitzhütte die Sucht eines Teilnehmers geheilt worden ist.

Es könnte also durch aus förderlich sein, es einfach einmal auszuprobieren.

- Ein <u>Feuerlauf</u> hat eine deutlich andere, aber genauso grundlegende Wirkung wie die Schwitzhütte. Man geht bei einem Feuerlauf ohne jegliche physischen Hilfsmittel und auch ohne jegliche „Zaubersprüche" und dergleichen barfuß über glühende Holzkohle, die 700-800°C heiß ist. Jedes Schnitzel brennt schon bei weit geringeren Temperaturen an.

Die Wirkung des Feuerlaufs ist, daß man anschließend nie mehr „Das geht nicht!" denken kann.

Einen Feuerlauf macht man stets auf eigene Gefahr. Es kommt schon mal vor, daß sich jemand Brandblasen an den Füßen holt – schließlich ist die Glut 700-800°C heiß. Es gibt auch keinen „Trick" oder etwas in der Art – es ist lediglich sicher, daß das geschehen wird, was zu dem Zeitpunkt des Feuerlaufs das Richtige für den Betreffenden ist.

5. f) Nutzungsmöglichkeiten

Wenn man ein Trauma geheilt hat, ist man nicht mehr derselbe wie mit dem Trauma oder vor dem Trauma – man ist gewachsen und gereift und standfester geworden. Man erhält durch die Trauma-Heilung auch eine größere Freiheit im Wollen, Fühlen, Denken, Entscheiden und Handeln als vorher.

In manchen Fällen ermöglicht die erfolgreiche Heilung eines Traumas auch eine größere Kreativität als man sie vorher gehabt hat. Diese Kreativität wird sich recht sicher abseits der üblichen Wege entfalten.

Dies liegt daran, daß die Heilung eines Traumas immer auch bedeutet, daß man zu einem neuen Umgang mit dem astrologischen Quadrat gefunden hat, das die beiden Bereiche definiert hat, in denen das Trauma dann aufgetreten ist.

Da ein Quadrat eine Trennung ist, bedeutet so ein Quadrat, daß man in sich selber zwei Planeten, also zwei Fähigkeiten getrennt hält.

In unserer Kultur war es von ca. 1800 bis ca. 2000 üblich, die Psyche als einen Punkt zu sehen. Daraus ergaben sich solche wohlgemeinten Ratschläge wie: „Schau Dir doch mal an, was Du wirklich willst, was Dir am wichtigsten ist, und dann mach das! Dann ist alles wieder in Ordnung!"

Seit spätestens 2000 ist die Psychologie immer bekannter geworden und Therapien sind zu etwas Üblichem geworden. Das hat dazu geführt, daß die Psyche als etwas Komplexes erkannt worden ist. Allerdings wird die Heilung noch immer vor allem als eine Form der Integration angesehen.

Die Astrologie kennt hingegen sieben verschiedene Formen der Verbindung in der

Psyche, die keineswegs alle Formen der Integration sind. Dies ist für den Umgang mit einem Trauma und auch für die anschließend entstehende Kreativität von großer Bedeutung.

Diese sieben Formen der Verbindung sind:

- 0° = Konjunktion: „Ehe"; eine feste Verbindung, bei der man die beiden Planeten (Fähigkeiten) kaum unterscheiden kann – Einheit

- 120° = Trigon: „Freundschaft"; zwei verschiedene Fähigkeiten gehen eine dauerhafte Verbindung ein – Verläßlichkeit

- 60° = Sextil: „Gruppe"; das Zusammenfassen von Ähnlichem zu einer Gruppe – Bekanntschaft

- 180° = Opposition: „Ergänzungs-Gegensatz"; die Aufmerksamkeit und das Handeln schwingt zwischen zwei Polen hin und her – Wandel

- 90° = Quadrat: „Zeltstange"; das Trennen von zwei Bereichen, die zwischen sich einen Raum aufspannen – Weite

- 30° = Halbsextil: „Entwicklung"; der Drang zu einer Verwandlung zu etwas Neuem – Entfaltung

- 150° = Quincunx: „Ordnen und Spannen"; zwei Fähigkeiten suchen immer wieder aufs Neue nach der gerade sinnvollsten Verbindung zwischen ihnen – Verbundenheit

Da ein Trauma eine Fehlfunktion eines Quadrates ist bzw. der nicht lebensförderliche Umgang mit einem eigenen Quadrat ist, ist ein geheiltes Trauma folglich das funktionierende Quadrat bzw. der lebensförderliche Umgang mit einem eigenen Quadrat.

Das Quadrat als trennender astrologischer Aspekt unterscheidet und trennt zwei der eigenen Fähigkeiten – was in unserer Kultur im Allgemeinen in der Vorstellung der sinnvollen Zustände in der Psyche unbekannt ist.

Ein Quadrat zwischen Merkur (Denken) und Mond (Kontakt) führt z.B. dazu, daß man entweder Hand in Hand spazieren geht (Mond) oder (Quadrat) miteinander spricht (Merkur) – aber nie beides gleichzeitig.

Wenn man jemanden, der ein solches Quadrat in seinem Horoskop hat, dazu drängt, doch endlich seine Stimmungen und inneren Zustände (Mond) in klare Worte (Merkur) zu fassen, übt man einen massiven Druck auf den Betreffenden aus, da er dazu schlichtweg nicht in der Lage ist: Er kann seine Stimmungen malen (Mond) und seine Gedanken (Merkur) aussprechen, aber nicht seine Stimmungen (Mond) in Worte fassen (Merkur) oder seine Gedanken (Merkur) mit viel Gefühl, Gestik, Mimik und Betonung (Mond) aussprechen.

Wenn z.B. die Eltern ausreichend viel Druck auf ihr Kind, das ein solches Quadrat in seinem Horoskop hat, ausüben und sich nur an das halten, was das Kind sagt (Merkur), können sie das Gemüt (Mond) des Kindes so massiv verletzen, daß es jedes Vertrauen und jede Geborgenheit verliert und möglicherweise traumatisiert wird.

Es wäre wünschenswert, daß die Eltern dieses Kindes begreifen, daß das Kind das, was es braucht, um sich wohlzufühlen (Mond) einfach nicht in Worte (Merkur) fassen kann.

Wenn dieses Kind dann als Erwachsener sein Trauma geheilt hat, wird es vielleicht viel Malen (Mond) aber sich weigern, auch nur ein einziges Wort zu seinen Bildern zu sagen oder ihnen auch nur einen Titel (Merkur) zu geben. Das ist dann eine „markante Eigenschaft" dieses Malers, die halt zu ihm gehört und seinem Wesen entspricht und mit der es ihm gut geht. Durch diese Erkenntnis erlangt dieser Maler dann eine Eigenständigkeit und ein ihm entsprechendes Verhalten, durch das er sich wohlfühlt und durch das er sich ungehindert entfalten kann.

Um die Vielfalt dieser möglichen Trennungen von Fähigkeiten zu verstehen, ist im Grunde eine tiefergehende Kenntnis der Astrologie notwendig. Allerdings kann man auch schon anhand der Eigenschaften und Fähigkeiten der zehn astrologischen Planeten diese Vielfalt zumindest erahnen:

- Mond: „Kind"   - Gemüt, Stimmungen, Träume
- Merkur: „Schüler"   - Denken, Sprechen, Logik
- Venus: „Jugendliche"   - Gefühle, Schönheitssinn, Bewertungen
- Sonne: „König"   - Ich, Wille, Entscheidungen
- Mars: „Krieger"   - Kampf, Sex, Taten
- Jupiter: „Manager"   - Organisation, Planung, Genießen
- Saturn: „Wächter"   - Festigkeit, Bewahren, Schützen
- Uranus: „Erfinder"   - Neues, Entdeckung, Sprung
- Neptun: „Künstler"   - Phantasie, Religion, Ökologie
- Pluto: „Magier"   - Verwandlung, Existenzielles, Wurzel

5. g) Schamane

Das Größtmögliche, was man aus der Heilung eines Traumas heraus erschaffen kann, ist vermutlich, zu einem Schamanen zu werden. Dieser „archaische Therapeut" kennt das Entstehen eines Traumas, die Heilung des Traumas, die Astralreise, die Kundalini, das eigene Krafttier, die eigene Seele, die eigene Schutzgottheit (von deren „Meer" die eigene Seele ein „Tropfen" ist) und den Einen Gott. Daher ist er in der Lage, anderen bei so gut wie allen Problemen zu helfen. Da er auf dem Weg dahin auch die Lebenskraft gründlich kennengelernt haben wird, ist er auch ein Magier.

Allerdings hat auch jeder Schamane seinen eigenen Charakter und seine besonderen Fähigkeiten und Vorlieben.

6. Das kollektive Trauma

Es gibt einige Ereignisse, die ein kollektives Trauma hervorrufen, d.h. die bei einer ganzen Sippe, einem Volk, einem Staat oder einer anderen Form von Gemeinschaft die Entstehung eines Traumas bewirken. Natürlich haben nicht alle dieses Trauma und bei denen, die ein solches Trauma haben, ist die Ausformung dieses Traumas auch verschieden. Doch auf die ganze Gemeinschaft gesehen, hat das betreffende Ereignis eine weitgehend gleiche traumatische Prägung erschaffen.

Zu den Ereignissen, die solch ein kollektives Trauma auslösen können, gehören Kriege, ethnische Säuberungen (Juden), religiöse Zwangs-Konversion (Missionierung, Dschihad) und kulturelle Zerstörungen (Afrika). Solch ein kollektives Trauma ist dann ein mit Emotionen aufgeladenes Bild in dem kollektiven Unterbewußtsein der betreffenden Gemeinschaft.

Wenn man therapeutisch tätig ist, wird man z.B. in Deutschland bei der Suche nach der Ursache der Schwierigkeiten eines Ratsuchenden letztlich sehr oft zu den Ereignissen des 2. Weltkrieges gelangen: die Taten, Morde, Vergewaltigungen und Ängste der Großväter im Krieg, die Ermordung der Juden in den KZs, der Zwang, Befehlen gehorchen zu müssen, die man ablehnt, und dergleichen mehr.

Solch ein kollektives Trauma ist in der Regel nicht kollektiv heilbar, sondern nur durch die Heilung der Einzelnen. Manchmal gibt es Ereignisse, die dabei ein wenig helfen wie die Fußball-Weltmeisterschaft 2006, die dazu geführt hat, daß sich das kollektive Selbstwertgefühl der Deutschen ein wenig entspannt hat und sich das kollektive schlechte Gewissen wegen des 2. Weltkrieges ein wenig gelöst hat.

Manchmal beruhigt sich solch ein kollektives Trauma auch im Laufe der Zeit – vermutlich werden die Trauma-Prägungen nur teilweise und nicht zu 100% von den Eltern auf die Kinder weitergereicht. So ist man z.B. in der Zeit kurz nach dem 2. Weltkrieg in Frankreich – verständlicherweise – oft einem ausgeprägten Haß auf alle Deutschen begegnet. Dieser Haß hat sich mittlerweile so gut wie vollständig aufgelöst. Offensichtlich kann ein kollektives Trauma im Verlauf von zwei bis vier Generationen allmählich verblassen, auch wenn man in Einzelfällen die Schwierigkeiten eines Ratsuchenden noch immer auf ein Trauma der Vorfahren aus der Zeit des 2. Weltkrieges zurückverfolgen kann.

Damit solch ein Verblassen eines kollektiven Traumas möglich ist, muß dies jedoch durch friedliche und kooperative Umstände gefördert werden – wie im Fall von Deutschland und Frankreich durch den Frieden zwischen den beiden Ländern seit 80 Jahren sowie durch die Gründung der EU.

<u>**7.   Beispiele**</u>

Im Folgenden werden einige konkrete Fälle beschrieben, um die bisherigen Erläuterungen noch ein wenig anschaulicher zu machen.

<u>**7. a)   Erstes Fallbeispiel**</u>

Ein Mann hat seinen Saturn (Festigkeit) in seinem 2. Haus (Wohnung, Besitz) stehen, d.h. ihm ist die Sicherheit und Beständigkeit im Wohnen wichtig – er zieht nicht gerne um. Sein Pluto (Existentielles) und vier weitere Planeten stehen in seinem 10. Haus (Öffentlichkeit), d.h. er sucht nach Grundlagen, Verläßlichkeit und nach einem tiefem Verständnis der Welt.

Zwischen Saturn und Pluto besteht jedoch ein Quadrat. Dies hat sich bereits im Alter von eineinhalb Jahren bei ihm darin gezeigt, daß seine Eltern ihn aus ökonomischen Gründen für ein Jahr zu seinen Großeltern gegeben haben. In dieser Zeit hat er seine Eltern kein einziges Mal gesehen. Astrologisch gesprochen hat der Pluto durch das Quadrat die Sicherheit des Saturn zerstört: Äußere Notwendigkeiten (Pluto im 10. Haus) führten zu dem Verlust der Heimat (Saturn im 2. Haus).

Das hat eine Erschütterung seines Grundvertrauens bewirkt. Es ist denkbar, aber nicht sicher, daß diese Trennung bereits ein Trauma bewirkt hat.

Als dieser Junge im Alter von zweieinhalb Jahren zu seinen Eltern zurückkam und seine Spielsachen mit seiner Schwester teilen sollte, die inzwischen geboren worden und ein Jahr alt war, wurde er wütend und hat sich geweigert. Aufgrund der Prügel, die er daraufhin erhalten hat, hat er vollkommen aufgegeben und sich seiner Schwester und Mutter vollständig untergeordnet und hat in den Folgejahren in allen Spielen mit seiner Schwester und seinen weiteren Geschwistern stets den Diener gespielt.

Nach der Prügel hat er zwar physisch auf dem Boden gesessen, aber sich selber von oben von einer der Ecken der Decke des Zimmers aus gesehen. Diese für eine Trauma-Entstehung typische Astralreise zeigt, daß spätestens bei diesem Ereignis ein Trauma in ihm entstanden ist.

In diesem Fall war die Mutter die äußere Macht und Autorität (Pluto im 10. Haus), die den Besitz, also die Spielsachen des Jungen (Saturn im 2. Haus) zerstört hat.

Das Trauma saß sowohl im 2. Haus als auch im 10. Haus, wie sich in den nächsten Jahren deutlich gezeigt hat. Der Junge bekam im Alter von 4 Jahren ein Tourette-Syndrom im Hals (2. Haus), das sich vor allem in einem pfeifenden Ausatmen zeigte, das er nur mit großer Mühe unterbinden konnte und für das er immer wieder heftig ausgeschimpft wurde – was das Symptom nicht gerade besser gemacht hat. Ebenfalls im Alter von 4 Jahren bekam er Schmerzen in den Knien (10. Haus) und Waden, die mit Rotlicht behandelt wurden, aber die sich dadurch kaum besserten.

Mit fünf Jahren wurden die Halsbeschwerden (Saturn-Enge im 2. Haus) des Jungen so schlimm, daß er seine Mandeln und Polypen herausoperiert bekam (Operation = Eingriff von außen = 10. Haus). Da die Betäubungen damals noch mit Chloroform durchgeführt worden sind, hat er bei seiner Operation eine weitere Astralreise erlebt, bei der er über seinem betäubten Körper geschwebt hat und der Operation von oben her zugeschaut hat.

Ab dem 2. Schuljahr bis zum Alter von 18 Jahren war er mindestens zweimal pro Woche der Prügelknabe in der Schule, wobei ihm bei einer Gelegenheit fast das Auge mit einem Schirm ausgestochen worden ist. Auch nach seiner Schulzeit gab es fast durchgehend jemanden, der ihn physisch oder psychisch mehr oder weniger gefoltert hat.

Im Alter von 10 Jahren wurde dem Jungen jeder Sport und jede schnelle Bewegung verboten, um seine Knie (10. Haus) zu schonen. Ein Heilpraktiker stellte anhand der Iris-Diagnose fest, daß ein Umzug (2. Haus) in jungen Jahren die Wurzel des Leidens war – das Jahr des Jungen bei seinen Großeltern.

Die Knieprobleme waren zeitweise verschwunden, aber kamen nach ein paar Jahren jedes Mal wieder. Im Alter von 28 Jahren haben ihm die Ärzte gesagt, daß er froh sein kann, wenn er noch ein paar Jahre laufen kann. Bereits in seiner Kindheit stand die Befürchtung im Raum, daß er wegen seiner Knieprobleme lahm werden könnte.

Durch das Erlernen von Meditation und Traumreisen sowie durch das Erwerben von Grundkenntnissen in der Psychologie begann der junge Mann innerlich in seine Knie zu reisen, mit ihnen zu sprechen, nach Bildern in seiner Knien zu suchen und zudem zu beobachten, bei welchen Gelegenheiten die Knieschmerzen auftraten bzw. wann seine Knie plötzlich einfach nachgaben, sodaß er umfiel. Dadurch fand er heraus, daß das entweder dann geschah, wenn er 1. sich selber nicht mehr treu war oder wenn er 2. etwas tat, wovon er überzeugt war, daß das verboten war, oder wenn er 3. in einer Situation jegliche Hoffnung verloren hatte. Dieses physische Umfallen war sozusagen die „light"-Variante einer Ohnmacht, die ja für die Trauma-Entstehung und als Symptom der Re-Aktivierung eines Traumas typisch ist.

Durch sein Meditieren erkannte er, daß sein Halschakra (2. Haus) blockiert war und daß er seine ganze Lebenskraft in seinen Kopf gelenkt hatte – so wie es stets bei dem „zu leisen" Trauma-Typ zu beobachten ist.

Durch Träume, Traumreisen und Meditation ist es ihm auch gelungen, sich an seine Geburt zu erinnern. Die Geburt hatte sehr lange gedauert und er hatte sich die Nabelschnur um den Hals gewickelt (Saturn im 2. Haus = Enge im Hals). Er hatte bei der Geburt das Gefühl, ganz auf sich gestellt zu sein. Wenn er sich bewegt hat, kamen die Preßwehen und er hatte Panik, zerquetscht zu werden – also hat er sich nicht mehr gerührt. Dieses „sich tot stellen", ist auch typisch für die aussichtslosen Situationen, in denen ein Trauma entstehen kann – und es wurde später auch seine bevorzugte Überlebensstrategie in Streß-Situationen. Möglicherweise ist also schon bei seiner Geburt ein Geburts-Trauma entstanden. Der Mann hat später den Verlauf seiner Geburt – so wie er sich an sie erinnern konnte – seiner Mutter beschrieben, die den gesamten Verlauf bestätigt hat.

Dieser Mann war ein extremer Fall des „zu leisen" Traumas: Bis zum Alter von 28 Jahren war er überzeugt, daß Wut und Aggressionen Gefühle sind, die es bei ihm ganz einfach nicht gab. In welchem Ausmaß er Wut in sich trug, erkannte er erst viel später. Selbst bei den Wutanfällen, die er im Alter von 18-23 Jahren gehabt hatte und bei denen er Dinge zerstört hat, die ihm wertvoll waren, hat er sich lediglich bei seinem Zerstören zugesehen und sich gewundert, was er da tut, aber hat dabei keinerlei Gefühle gespürt.

Erst im Alter von 51 Jahren hat er ein Dutzend Wutanfälle wegen eines Arbeitskollegen bekommen, bei denen er auch wirklich etwas gefühlt hat und bei denen er sich auch an diesen Kollegen gewendet hat. Durch diese Wutausbrüche, die jedes Mal ein wenig ruhiger wurden und sich allmählich in ein kraftvolles Handeln verwandelt haben, erlangte er eine Standfestigkeit und Selbstsicherheit, die er zuvor nicht gekannt hatte. Seit diesen Wutausbrüchen gab es in dem Leben dieses Mannes niemanden mehr, der ihn quälen wollte.

Eine wesentliche Hilfe für ihn war auch die Begegnung mit seiner Seele und seinem Krafttier im Alter von 26 Jahren.

Er hat sein ganzes Leben unter der Vision gelitten, eines Tages unter einer Eisenbahnbrücke zu verhungern und zu erfrieren – das war das Trauma-Bild in seinem 2. Haus. Das Trauma-Bild in seinem 10. Haus war der „Folterknecht", der ihm durch seinen Sadismus das Leben schwer machte wie z.B. die Jungen in seiner Schule, die ihn als Prügelknaben benutzen.

Nachdem das Folterknecht-Trauma-Bild (10. Haus) durch die Wutanfälle aufgelöst worden war, blieb noch das Armuts-Trauma-Bild (2. Haus). Nachdem sich der Mann im Alter von 51 Jahren selbständig gemacht hatte, hat er fast jeden Tag mit seiner Armuts-Angst zu kämpfen gehabt. Dabei half es nur sehr wenig, daß er sich gesagt hat, daß man in Deutschland nicht so schnell verhungern und erfrieren kann und daß es schließlich noch das Arbeitslosengeld und das Wohngeld und ähnliches gibt. Immerhin konnte er dadurch die Steigerung seiner Angst zu einer Panik verhindern. Eines Tages hat er dann eingesehen, daß er einen materiellen Rückhalt braucht. Daraufhin hat er sich, ohne darüber nachzudenken, hingestellt und zu seiner Seele und den Göttern gesagt, daß er ab jetzt darauf vertrauen wird, daß sie sich um ihn kümmern.

Er hat sich zwar gewundert, daß man Vertrauen beschließen kann, aber seit diesem Tag war die Armuts-Angst fort und wenn er seine Miete nicht zahlen konnte, hat er sich an seine Seele und die Götter gewandt und sie haben ihm jedes Mal durch einen sinnvollen Zufall oder durch merkwürdige Umstände ausreichend Geld zukommen lassen.

Mittlerweile wird sein altes Trauma zwar manchmal noch durch äußere Umstände ein wenig in Resonanz gebracht, doch er hat inzwischen eine Souveränität entwickelt, die es ihm ermöglicht, seine Lage zu erkennen und so zu handeln, daß sich die Spannung in seinem Trauma-Erinnerungsbild wieder auflöst.

Diese Spannungen in seinem alten Trauma-Bild entstehen dann, wenn sich mehrere der Planeten, die jetzt am Himmel stehen, entweder an der Stelle stehen, an der in seinem Horoskop der Saturn (2. Haus) oder der Pluto (10. Haus) stehen. Ein einzelner oder auch zwei Planeten reichen für die Auslösung dieser Spannungen jedoch mittlerweile nicht mehr aus – es müssen schon mehrere sein.

Der Mann kann heute weitgehend ungehindert durch sein früheres Trauma leben, doch er ist noch immer nicht besonders streßfest.

Diese Trauma-Beschreibung ist etwas ausführlicher gehalten, damit das Prinzip der Entstehung des Traumas, das Leiden an ihm und seine Auflösung deutlich werden.

Es handelt sich hier um ein „zu leises" Trauma, das zunächst ein Mangel (Verlassenwerden) war und auf das sich dann eine Angst (Ohnmacht gegenüber Mutter und Schwester) und schließlich Selbstzweifel (Schüchternheit, Scham, Schuldgefühle) aufgebaut haben. Möglicherweise ist jedoch die Angst bei der Geburt bereits das erste Trauma gewesen.

Allerdings gab es bei dem Mann auch Ansätze zu einer „zu lauten" Variante, da er vor allem als Jugendlicher heftige Wechsel zwischen Minderwertigkeitskomplexen („Ich nehme den anderen die Luft zum Atmen weg.") und Größenwahn („Alle anderen müssen sterben, damit ich was Besonderes bin!") teilweise im Rhythmus von nur 5 Minuten erlebt hat. Da sich dies in milderen Formen lange gehalten hat, kann man hier von einem desorganisierten Bindungstyp sprechen.

7. b)   Zweites Fallbeispiel

Eine Frau hat ein Quadrat zwischen ihrem Pluto (Grundüberzeugungen) in ihrem 2. Haus (Körper, Besitz, Geld) und ihrem Mars (Taten, Kampf, Sex) im 11. Haus (Gleichgesinnte).

Auch sie hat als Kind einen Mißbrauch erlebt – wobei es ja immer sehr schwierig zu entscheiden ist, ob dieser Mißbrauch tatsächlich stattgefunden hat, oder ob sich andere Erlebnisse in ihrer Erinnerung zu diesem Bild zusammengefügt haben. Doch es läßt sich immerhin sicher sagen, daß in ihrer Kindheit etwas Heftiges geschehen sein muß, da solche Bilder schließlich nicht aus dem Nichts heraus entstehen.

Für sie ist ihr Körper, ihre Gesundheit, ihre Wohnung und ihr Geld das Wichtigste (Pluto im 2. Haus). Sie hat immer wieder die verschiedensten Erlebnisse, die das Grundmuster „männliche Aggressivität verletzt den eigenen Körper" haben. Das ist der Mars (Kraft, Sex), der den Pluto (Existentielles) im 2. Haus (Besitz, Körper) angreift (Quadrat).

Dabei ist auffällig, daß sie in ihrer Erinnerung als dreijähriges Kind von zwei Männern gleichzeitig eingesperrt und vergewaltigt worden ist. Dies entspricht dem Mars im 11. Haus, da dieses astrologische Haus für Gemeinschaften (zwei Männer) steht.

Sie ist hilflos in ihrer Gegenwehr und appelliert – wie es für Opfer typisch ist – an das Gute in dem anderen, um einen Streit oder eine bedrohliche Situation zu beenden. Sie hat eine heftige Abwehr gegen Streit, Trennungen, Meinungsverschiedenheiten und läßt sich von ihrem Partner ausnutzen.

Sie hat eine Vielzahl von Krankheiten, die alle dem Muster „Angriff von außen" folgen: Sie „schluckt" alles, was ihr Partner macht und hat daher Magenschmerzen; sie bekommt eine Infektion nach der anderen; sie hat eine durch Zecken verursachte Borreliose; usw. Sie ist in ständiger Panik um ihre Gesundheit (Pluto im 2. Haus) und hat Angst vor der Kraft und der Sexualität von Männern (Mars).

Sie hat mehrfach ihren Wohnort verloren (ein Erb-Anwesen der Familie), sie hat mehrfach Besitz verloren; ihr ist ein wertvoller Ring entwendet worden; sie ist oft ausgenutzt worden; sie ist auch als Erwachsene mißbraucht worden; usw. Das Verletzen (Quadrat) von Leib und Besitz (2. Haus) sowie die Gefährdung (Quadrat) der Gesundheit (2. Haus) zieht sich als ständiges Thema durch ihr gesamtes Leben.

Sie ist unfähig, sich zu schützen und nichts in sich hinein zu lassen, was sie nicht haben will: Worte von anderen, Infektionen, Aggressionen, Sex usw. Sie ist nicht in der Lage, ihr 2. Haus vor dem Mars im 11. Haus zu schützen. Der Grund dafür ist eine tiefsitzende Verlassenheitsangst, aufgrund derer sie fast alles mit sich machen läßt – sie ist als Jugendliche von ihren Eltern verlassen worden.

Dieser Haltung entspricht ihr geschwächtes Halschakra, durch das sie sich nicht mit Worten gegen die Worte von anderen verteidigen kann. Auch ihr Hara, das für den festen inneren Halt und für die elastischen Bewegungen zuständig ist, ist bei ihr stark geschwächt bis beinahe inaktiv. Die gleichzeitige Schwächung von Halschakra (Selbstausdruck) und Hara (Haltlosigkeit) ist für Opfer typisch.

Das Trauma dieser Frau sitzt so tief, daß sie auch nach über 20 Jahren Therapie noch immer nicht gesund ist, wozu auch ihre extrem streßreiche Beziehung beiträgt. Allerdings ist sie zunehmend in der Lage, nicht sofort bei jedem Straß in Panik zu geraten und kann sich mittlerweile auch in Maßen selber Halt geben. Die Therapien haben in diesem Fall zwar nicht zu einer Heilung des Traumas geführt, aber sie haben immerhin die Handlungsmöglichkeiten der Frau deutlich erweitert.

Als Ursache ist der Mißbrauch in ihren Kinderjahren erkennbar, wobei natürlich nicht sicher ist, ob dem noch andere Erlebnisse vorausgingen. Ihr Verhalten ist durch Verlassenheitsangst, Angst vor Männern und durch eine ausgeprägte Scham und ständige, riesige Schuldgefühle geprägt. Ihr „zu leises" Trauma hat also alle drei möglichen Ebenen: Mangel, Angst und Selbstzweifel.

Diese Frau hat neben ihrem „zu leisen" Verhalten allerdings auch Züge eines „zu lauten" Traumas – insbesondere fällt auf, daß sie fest davon überzeugt ist, immer recht zu haben und daß sie genau weiß, was für andere gut ist – besser als es diese anderen es selber wissen. Diese eine Eigenheit reicht allerdings noch nicht dafür aus, dieses Trauma einem desorganisierten Bindungstyp zuzuordnen, da ja kein ständiger Wechsel zwischen „zu leise" und „zu laut" vorliegt.

<h2 style="text-align:center">7. c)   Drittes Fallbeispiel</h2>

Eine Frau hat in ihrem Horoskop ein Quadrat zwischen ihrem Mond und ihrem Mars. Ihr Trauma ist durch einen Mißbrauch durch ihren Vater entstanden. Die astrologische Grundstruktur ist hier die Verletzung (Quadrat) der Geborgenheit (Mond) durch die Sexualität (Mars). Dieses Mond/Mars-Quadrat findet sich sehr häufig bei Frauen, die einen Mißbrauch oder eine Vergewaltigung erlebt haben.

Bei dieser Frau stand der Mars im 1. Haus, was bedeutet, daß dieser Planet nicht zum Schweigen gebracht werden kann, da er in jeder Situation aktiv ist. Das hat dazu geführt, daß sie „zu laut" geworden ist, d.h. sie ist zu einer beinahe militanten Feministin geworden, die aus jedem Streit als Siegerin hervorgegangen ist.

Der Mond stand bei ihr im 10. Haus (Öffentlichkeit), was dazu geführt hat, daß sie öffentlich als Feministin für die Rechte der Frauen und gegen die Dominanz der Männer gekämpft hat.

Ob sie ihr Mißbrauchs-Trauma hat heilen können, ist nicht ganz klar. Sie hat jedoch durch eine Paartherapie schließlich zu einer beständigen Beziehung zu einem Mann gefunden.

Bei dieser Frau handelt es sich um den „zu lauten" Angst-Trauma-Typ, also um die durch ein Trauma entstandene Täter-Haltung. Sie ist eine der seltenen Fälle, in denen jemand mit einem „zu lauten" Trauma schließlich eingesehen hat, daß sie Hilfe (Paartherapie) braucht.

<h2 style="text-align:center">7. d)   Viertes Fallbeispiel</h2>

Man kann sich auch einmal historische Personen wie Adolf Hitler ansehen. In diesem Fall gibt es zwar keinen Therapie-Bericht, aber doch historische Berichte sowie das Horoskop. Offenkundig finden sich unter den historischen Personen nur solche mit einem „zu lauten" Verhalten, da sie sonst eben nicht allgemein bekannt geworden wären.

Hitler war ein Stier, d.h. daß sein Wille (Sonne) auf Körper und Besitz und Reinhaltung ausgerichtet war. Dies zeigt sich in seinen Eroberungen und in seiner Fixierung auf die Vorstellung einer „reinen" arischen Rasse, die von allem Fremdem (Juden) gesäubert werden muß.

Sein Aszendent war die Waage, d.h. er war gut darin, Kontakt aufzunehmen und Menschen von seiner Sache zu überzeugen. Zudem neigt man mit einem Waage-Aszendent zum Schließen von Bündnissen (Italien, Japan).

Man kann sich nun fragen, wie man eine Überzeugung von einem Trauma unterscheiden kann. Das sicherste Merkmal ist vermutlich, daß ein Trauma im Gegensatz zu einer Überzeugung zu einer völligen Hemmungslosigkeit bzw. zu einer zerstöreri-

65

schen Einsgerichtetheit führt. Diese Art der völligen Fixierung ist bei Hitler offensichtlich: Gleichschaltung des Volkes, Kriege, Welteroberungs-Pläne, Judenvergasung usw.

In seinem Horoskop hat Hitler ein Quadrat von den beiden beisammen stehenden Planeten Venus und Mars im 7. Haus zu dem Saturn im 10. Haus. Es findet sich hier also eine Trennung (Quadrat) zwischen der festen, strengen Form (Saturn) in der Öffentlichkeit (10. Haus) und dem Handeln (Mars) und Fühlen (Venus) im Bereich der Beziehungen. Hitler fühlte sich offenbar in seinem eigenen Beziehungs-Kreis (Venus/Mars im 7. Haus) durch das Fremde, Äußere (Saturn im 10. Haus) bedroht. In dieser Bedrohung sah er folglich das Wurzel aller Übel.

Als Stier trennt man das Unangenehme und Fremde von dem Angenehmen und Vertrauten und hält dieses Störende dann draußen. Man hält seinen Ort sauber und rein. Wenn man dieses Fremde nun nicht nur als unangenehm, sondern als bedrohlich erlebt, ergibt sich daraus zwangsläufig der Kampf gegen dieses Fremde, das vernichtet werden muß, um das Eigene (zur „arischen Rasse" erweitert) zu schützen.

Hier lag bei Hitler (aber nicht nur bei ihm) offensichtlich eine Projektion eines inneren Konflikts auf eine äußere Situation vor, da die Juden eben nicht die Ursache aller Probleme gewesen sind.

Die hemmungslose Heftigkeit des Vorgehens von Hitler und der von ihm gegründeten SS, SA und Gestapo zeigt, daß Hitler mit sehr großer Wahrscheinlichkeit ein Trauma gehabt haben muß.

Aus Hitlers Biographie läßt sich nicht sicher ein Trauma herleiten. Es lassen sich allerdings in seiner Jugend Ereignisse finden, die zu seinem Horoskop passen. Dazu zählen die drei Ehen seines Vaters und die Heiraten innerhalb der nahen Verwandtschaft, mehrere früh gestorbene Geschwister und der Tod seines Vaters als Hitler 14 Jahre alt war. Diese Ereignisse stellen alle eine große Unsicherheit innerhalb der Familie dar, also ein Bedrohung (Quadrat) der Gemeinschaft (7. Haus) durch äußere Ereignisse (10. Haus).

Diese Ereignisse reichen natürlich nicht aus, um nur aus ihnen heraus auf ein Trauma zu schließen – in Kombination mit seinem späteren hemmungslosen Vernichtungswillen von allem „Fremdem" kann man jedoch mit großer Sicherheit von einem „zu lauten" Trauma ausgehen, das durch die Judenvernichtung und den 2. Weltkrieg zu einem kollektiven Trauma geworden ist.

Man kann vermuten, daß Hitler sehr viel Lebenskraft in seinem Hara gehabt hat. Ein Energiestau im Hara führt zu einem rücksichtslosen Durchsetzen („Täter").

Möglicherweise liegt Hitlers Trauma letztlich ein Mangel, d.h. eine Unsicherheit in seiner Kindheit zugrunde, doch sicher sagen läßt sich nur, daß er von seiner historischen Wirkung her gesehen, ein „zu lauter" Angst-Trauma-Typ, also ein Täter gewesen ist.

7. e)   Fünftes Fallbeispiel

Es ist wichtig, zwischen einem normalen, wenn auch übersteigerten Egoismus und einem Trauma zu unterscheiden. Wenn man auf äußere Beobachtungen angewiesen ist, eignet sich als Kriterium vor allem die Frage, ob der Betreffende noch selber entscheidet, oder ob er den Eindruck von jemandem macht, der immer wieder einmal in bestimmte Verhaltensmuster „einrastet". Das ist natürlich nicht so einfach festzustellen.

So hat Donald Trump zweifellos eine übersteigerte Egozentrik und ist in großem Maße narzißtisch, d.h. er denkt fast nur an sich selber. Doch kann man daraus schon auf ein Trauma schließen?

Er ist ein Zwilling mit einem Löwe-Aszendenten. Das bedeutet, daß er sehr beweglich in seiner Ausrichtung ist (Zwilling) und seine augenblicklichen Absichten dann jeweils mit voller Überzeugung (Löwe) durchführt. Vereinfacht gesagt: „Meine Meinung zählt."

Er hat ein Quadrat zwischen seinem Merkur (Denken) im 11. Haus (Gemeinschaft) und seinem Neptun (Phantasie) im 2. Haus (Besitz). Von Trump ist gut bekannt, daß er, wenn seine Argumente (Merkur) nicht wirken, er einfach frei erfundene Behauptungen (Neptun) in den Raum stellt wie den angeblichen Wahlbetrug oder die Einwanderer, die die Haustiere der US-Bürger fressen. Dieses Quadrat wäre ein möglicher Hinweis auf ein Trauma, aber es kann auch lediglich auf einen „sehr entspannten Umgang mit der Wahrheit" hinweisen.

Trumps Verhalten läßt sich eindeutig als „zu laute" Version der Selbstzweifel, also als „Angeberei auf hohem Niveau" einordnen, doch ob dem ein Trauma zugrunde liegt, läßt sich nicht sicher sagen.

Bücher von Harry Eilenstein

- The Synthesis of Physics and Magic (192 p.)
- Telepathy for Beginners (60 p.)
- Telepathy for Advanced Learners (52 p.)
- Telekinesis for Beginners (56 p.)
- Life Force for Beginners (76 p.)
- Kundalini for Beginners (104 p.)
- Astral Projection for Beginners (60 p.)
- Meditation for Beginners (60 p.)
- Prophecy for Beginners (60 p.)
- Ritual Magic for Beginners (64 p.)
- Magic Chant for Beginners (108 p.)
- Invocations for Beginners (52 p.)
- Evocations for Beginners (62 p.)
- Auto-Movement for Beginners (60 p.)
- Elves for Beginners (56 p.)
- Hypnosis for Beginners (56 p.)
- Love Magic for Beginners (52 p.)

- Money Magic for Beginners (60 p.)
- Magic Objects for Beginners (64 p.)
- Shamanism for Beginners (52 p.)
- Chakra-Magic for Beginners (148 p.)
- Language of the Moon – for Beginners (128 p.)
- Self Knowledge for Beginners (60 p.)
- Da'ath-Magic for Beginners (64 p.)
- Astrology for Beginners (112 p.)
- Number Symbolism for Beginners (64 p.)
- Mandalas for Beginners (76 p.)
- Crop Circles for Beginners (344 p.)
- Feng Shui for Beginners (96 p.)
- Magic Research for Beginners (140 p.)

- Magic for Beginners – Anthology I (636 p.)
- Magic for Beginners – Anthology II (616 p.)
- Magic for Beginners – Anthology III (684 p.)
- Magic for Beginners – Anthology IV (580 p.)

Religion allgemein
- Die sieben Schritte des Lebens (428 S.)
- Muttergöttin und Schamanen (168 S.)
- Totempfähle (440 S.)
- Der Urriese (168 S.)

Jungsteinzeit
- Göbekli Tepe (472 S.)
- Die Göttin von Göbekli Tepe (144 S.)

Ägypten
- Hathor und Re 1:   Götter und Mythen im Alten Ägypten (432 S.)
- Hathor und Re 2:   Die altägyptische Religion – Ursprünge, Kult und Magie (396 S.)
- Isis (508 S.)

Christentum
- Christus (60 S.)
- Die Biographie des Teufels (144 S.)

Indogermanen
- Die Entwicklung der indogermanischen Religionen (700 S.)
- Wurzeln und Zweige der indogermanischen Religion (224 S.)

Griechen
- Pan (336 S.)
- Poseidon (668 S.)

Inder
- Dakini (80 S.)
- Vajra (76 S.)

Germanen
- Die Götter der Germanen (87 Bände – siehe nächste Seite)
- Odin (300 S.)

Kelten
- Cernunnos (690 S.)
- Taliesin (228 S.)
- Der Kessel von Gundestrup (220 S.)
- Der Chiemsee-Kessel (76)

Psychologie
- Über die Freude (100 S.)
- Das Geheimnis des inneren Friedens (252 S.)
- Das Beziehungsmandala (52 S.)
- Gefühle und ihre Verwandlungen (404 S.)
- einsgerichtet (140 S.)
- Liebe und Eigenständigkeit (216 S.)
- Von innerer Fülle zu äußerem Gedeihen (52 S.)
- Trauma (72 S.)

Heilung
- Die Symbolik der Krankheiten (76 S.)

Kunst
- Herz des Tanzes – Tanz des Herzens (160 S.)

Drama
- König Athelstan (104 S.)

„Magie für Anfänger"	**Magie**

„Magie für Anfänger"

- Telepathie für Anfänger (60 S.)
- Telepathie für Fortgeschrittene (52 S.)
- Telekinese für Anfänger (52 S.)
- Lebenskraft für Anfänger (60 S.)
- Meditation für Anfänger (56 S.)
- Kundalini für Anfänger (100 S.)
- Hypnose für Anfänger (56 S.)
- Auto-Movement für Anfänger (56 S.)
- Chakra-Magie für Anfänger (148 S.)
- Astralreisen für Anfänger (56 S.)
- Astrologie für Anfänger (120 S.)
- Silberschnüre für Anfänger (52 S.)
- Ritual-Magie für Anfänger (56 S.)
- Mandalas für Anfänger (68 S.)
- Geldzauber für Anfänger (56 S.)
- Liebeszauber für Anfänger (52 S.)
- Invokationen für Anfänger (52 S.)
- Evokationen für Anfänger (60 S.)
- Geister für Anfänger (52 S.)
- Elfen für Anfänger (56 S.)
- Magie-Forschung für Anfänger (140 S.)
- Selbsterkenntnis für Anfänger (52 S.)
- Drogen-Kabbala für Anfänger (216 S.)
- Zahlensymbolik für Anfänger (60 S.)
- Die Sprache des Mondes – für Anfänger (116 S.)
- Zaubergesänge für Anfänger (100 S.)
- Zukunftschau für Anfänger (60 S.)
- Schamanismus für Anfänger (52 S.)
- Magische Gegenstände für Anfänger (68 S.)
- Da'ath-Magie für Anfänger (64 S.)
- Kornkreise für Anfänger (348 S.)
- Feng Shui für Anfänger (96 S.)
- Magie für Anfänger – Sammelband I (696 S.)
- Magie für Anfänger – Sammelband II (664 S.)
- Magie für Anfänger – Sammelband III (580 S.)

„Traumreisen"

- Traumreisen zu Heilpflanzen (700 S.)

Magie

- Handbuch für Zauberlehrlinge (408 S.)
- Tarot (104 S.)
- Physik und Magie (184 S.)
- Die Synthese von Physik und Magie (200S.)
- Die Magie-Formel (156 S.)
- Krafttiere – Tiergöttinnen – Tiertänze (112 S.)
- Schwitzhütten (524 S.)
- Mythen und Magie der Harfe (116 S.)

Meditation

- Der Lebenskraftkörper (230 S.)
- Die Chakren (100 S.)
- Das Chakren-System mit den Nebenchakren (296 S.)
- Organe und Chakren (64 S.)
- Die platonischen Körper in den Chakren (156 S.)
- Meditation (140 S.)
- Drachenfeuer (124 S.)
- Kundalini I (676 S.)
- Kundalini II (672 S.)
- Reinkarnation (156 S.)
- einsgerichtet (140 S.)

Astrologie

- Astrologie (496 S.)
- Photo-Astrologie (428 S.)
- Die astrologischen Aspekte (88 S.)
- Horoskop und Seele (120 S.)

Kabbala

- Kursus der praktischen Kabbala (150 S.)
- Eltern der Erde (450 S.)
- Blüten des Lebensbaumes:
    - Die Struktur des kabbalistischen Lebensbaumes (370 S.)
    - Der kabbalistische Lebensbaum als Forschungshilfsmittel (580 S.)
    - Der kabbalistische Lebensbaum als spirituelle Landkarte (520 S.)

Eilenstein, Frater V.D., Knecht, Büdenbender	**Büdenbender, Eilenstein**

Eilenstein, Frater V.D., Knecht, Büdenbender

- Magie heute – Berichte aus der Praxis (288 S.)
- Living Magic (261 p.)

Büdenbender, Eilenstein

- Chaos, Alk und Magic (244 S.)

<table>
<tr><td colspan="2">Die Themen der 87 Bände der Reihe „Die Götter der Germanen"</td></tr>
<tr><td>

1. Die Entwicklung der germanischen Religion
2. Lexikon der germanischen Religion
3. Der ursprüngliche Göttervater Tyr
4. Tyr in der Unterwelt: der Schmied Wieland
5. Tyr in der Unterwelt: der Riesenkönig   Teil 1
6. Tyr in der Unterwelt: der Riesenkönig   Teil 2
7. Tyr in der Unterwelt: der Zwergenkönig
8. Der Himmelswächter Heimdall
9. Der Sommergott Baldur
10. Der Meeresgott: Ägir, Hler und Njörd
11. Der Eibengott Ullr
12. Die Zwillingsgötter Alcis
13. Der neue Göttervater Odin   Teil 1
14. Der neue Göttervater Odin   Teil 2
15. Der Fruchtbarkeitsgott Freyr
16. Der Chaos-Gott Loki
17. Der Donnergott Thor
18. Der Priestergott Hönir
19. Die Göttersöhne
20. Die unbekannteren Götter
21. Die Göttermutter Frigg
22. Die Liebesgöttin: Freya und Menglöd
23. Die Erdgöttinnen
24. Die Korngöttin Sif
25. Die Apfel-Göttin Idun
26. Die Hügelgrab-Jenseitsgöttin Hel
27. Die Meeres-Jenseitsgöttin Ran
28. Die unbekannteren Jenseitsgöttinnen
29. Die unbekannteren Göttinnen
30. Die Nornen
31. Die Walküren
32. Die Zwerge
33. Der Urriese Ymir
34. Die Riesen
35. Die Riesinnen
36. Mythologische Wesen
37. Mythologische Priester und Priesterinnen
38. Sigurd/Siegfried
39. Helden und Göttersöhne
40. Die Symbolik der Vögel und Insekten
41. Die Symbolik der Schlangen, Drachen und Ungeheuer
42.a Die Symbolik der Herdentiere I
42.b Die Symbolik der Herdentiere II
43. Die Symbolik der Raubtiere

</td><td>

44. Die Symbolik der Wassertiere und sonstigen Tiere
45. Die Symbolik der Pflanzen
46. Die Symbolik der Farben
47. Die Symbolik der Zahlen
48. Die Symbolik von Sonne, Mond und Sternen
49.a Das Jenseits I – Das Hügelgrab
49.b Das Jenseits II – Der Jenseitsweg
50. Seelenvogel, Utiseta und Einweihung
51. Wiederzeugung und Wiedergeburt
52. Elemente der Kosmologie
53. Der Weltenbaum
54. Die Symbolik der Himmelsrichtungen und der Jahreszeiten
55.a Mythologische Motive I
55.b Mythologische Motive II
56. Der Tempel
57. Die Einrichtung des Tempels
58. Priesterin – Seherin – Zauberin – Hexe
59. Priester – Seher – Zauberer
60. Rituelle Kleidung und Schmuck
61. Skalden und Skaldinnen
62. Kriegerinnen und Ekstase-Krieger
63. Die Symbolik der Körperteile
64.a Magie und Ritual I
64.b Magie und Ritual II
64.c Magie und Ritual III
65. Gestaltwandlungen
66.a Magische Angriffs-Waffen
66.b Magische Verteidigungs-Waffen
67. Magische Werkzeuge und Gegenstände
68. Zaubersprüche
69. Göttermet
70. Zaubertränke
71. Träume, Omen und Orakel
72. Runen
73. Sozial-religiöse Rituale
74. Weisheiten und Sprichworte
75. Kenningar
76. Rätsel
77. Die vollständige Edda des Snorri Sturluson
78. Frühe Skaldenlieder
79.a Mythologische Sagas I
79.b Mythologische Sagas II
80. Hymnen an die germanischen Götter

</td></tr>
</table>